MON COMBAT
CONTRE L'ILLETTRISME

ALINE LE GULUCHE

MON COMBAT
CONTRE L'ILLETTRISME

Propos recueillis par la journaliste
Marie-Victoire Garcia

ÉDITIONS PRISMA

Sous la direction de : Ambre Rouvière
Assistantes éditoriales : Brune Valton, Emma Guillaume
Correction : Nord Compo Multimédia
Composition : Nord Compo Multimédia
Conception graphique de la couverture : Nord Compo Multimédia
Photo de couverture : © Florian Aubert
Photos du verso de couverture : DR

Depuis 2009, Prisma Media met en place une politique d'achat éco-responsable. Ainsi, près de 100 % du papier de nos magazines est certifié PEFC (gestion durable des forêts). La fabrication des livres des Éditions Prisma s'inscrit également dans cette démarche.

Dépôt légal : août 2023 – n° 102870
Achevé d'imprimer en France par : Imprimerie Floch

ISBN : 978-2-8104-3865-5

Préfaces

Il y a des rencontres, des destins, des parcours qui bouleversent, qui marquent, qui inspirent, qui vous donnent envie de vous surpasser, d'aller de l'avant, d'avancer, de se battre. Aline en fait partie, quand j'ai rencontré ce petit bout de femme avec ce tempérament de guerrière, j'étais subjuguée, accrochée à ses lèvres en écoutant le récit de sa vie.

Elle est un exemple pour nous tous, un exemple de persévérance, de dépassement de soi, de combativité, d'humanité, d'humilité, d'altruisme, de résilience et d'engagement.

De ses faiblesses, elle en a fait une force, sa force au service des autres. Une merveilleuse leçon de vie, rare et précieuse, que je vous invite à découvrir au travers de ces pages…

Bonne lecture !

Séverine Ferrer

Combien de vie(s) sommes-nous amenés à vivre ? Sœur Emmanuelle a attendu l'âge de sa retraite d'enseignante, à soixante-deux ans, pour commencer l'œuvre de sa vie auprès des chiffonniers du Caire. Aline Le Guluche, elle, a décidé à cinquante ans d'apprendre à lire et à écrire pour s'offrir un nouveau départ. Une renaissance !

Au départ, une démarche personnelle, motivée par une envie puissante de s'en sortir. Et puis, très vite, ce sont de nouveaux horizons, encore plus riches et beaux que ce qu'elle aurait pu imaginer, qui se sont ouverts à elle. Une aventure extraordinaire qu'elle nous raconte dans son deuxième livre, faite de rencontres humaines lors desquelles Aline a su apporter du réconfort dans son travail ou de l'espoir pour tous ceux qui, comme elle autrefois, souffrent de leur illettrisme à chaque instant de leur vie.

Après avoir raconté son parcours dans son premier livre, c'est désormais à la vie de ces mille « voix sans plume » qu'Aline voulait rendre hommage, en se faisant leur porte-parole. On rentre facilement dans leurs histoires personnelles, car Aline a ce talent de créer « la rencontre » avec les autres avec authenticité et élan du cœur.

J'ai moi-même eu la chance de rencontrer Aline dans le cadre du partenariat que nous avons monté avec la marque Lancôme, dont le programme « Write Youre Future – Écrire votre avenir » aide les femmes à sortir de l'illettrisme. J'ai toujours été frappé par son courage et son pragmatisme, mais surtout par cette lueur dans ses yeux, mélange de bienveillance envers son prochain et d'« humble fierté » face à son chemin parcouru.

Ce livre est pour moi un triple appel. Tout d'abord, un message d'espoir aux 2,5 millions de Français touchés d'illettrisme : vous pouvez vous en sortir ! Aline s'en est sortie, beaucoup d'autres également, vous pouvez le faire ! Osez faire votre « coming out littéraire » et demander de l'aide. Des structures étatiques, associatives, et des initiatives individuelles sont là pour vous tendre la main.

Ensuite, un appel destiné à ouvrir les yeux à tous les lettrés sur l'immense détresse que vivent quotidiennement les personnes touchées par l'illettrisme. Apprenons à détecter les signaux faibles, à aiguiller ces pesonnes et à les encourager à battre ce fléau. Il paraît que l'étymologie de « mot » vient de « murmurer ». Murmurons donc à l'oreille des personnes illettrées le numéro vert de l'Agence nationale de lutte contre l'illettrisme (ANLCI) qui saura les épauler.

Enfin, un appel pour chacun d'entre nous. Un appel à trouver la voie du bonheur, à s'accomplir personnellement, peu importe son âge, comme Aline a su le faire en devenant écrivaine, mais aussi ambassadrice d'une cause nationale.

Édouard Bazil,
directeur général de Lancôme France

Chapitre 1

Plus jamais honte

Voilà. Je viens de finir d'écrire mon livre : *J'ai appris à lire à 50 ans*.

Quelle belle aventure ! Un accouchement difficile, mais rempli de satisfaction, de bonheur et aussi d'angoisses. Ce mélange de sentiments m'envahit. Je n'arrive pas à bien dormir. L'événement me rend soucieuse et j'ai peur de la sortie imminente du livre.

Au téléphone, les Éditions Prisma m'annoncent que tout est prêt. Elles l'ont envoyé à l'imprimeur qui va faire couler l'encre…

Quelques jours passent. Je vais bientôt le recevoir par colis postal.

Le facteur dépose enfin le colis tant attendu dans la boîte aux lettres.

Mon cœur s'emballe. Je me précipite pour extraire le carton de la boîte aux lettres.

Voilà, je le tiens. Je vais l'ouvrir.

Un moment. Pas tout de suite.

Il faut que je respire. Un peu de courage.

Je m'assieds sur une chaise de la salle à manger. C'est un moment si précieux qui ne se reproduira jamais. Il faut en profiter, apprécier chaque seconde. Faire durer le plaisir.

La découverte de mon premier livre.

Mon portrait sur la pochette. Je suis émue.

Ce livre, c'est mon bébé, une partie de moi. Je l'ai vraiment porté comme un enfant pour le donner au monde. J'y ai mis tout mon cœur, une grande partie de ma vie, mes cauchemars, mes peurs, mes bonheurs, mes amours, mes déceptions ainsi que mes plus belles réussites.

Tout est là, dans mes mains.

C'est moi sur la pochette. Si mes parents me voyaient !

Un grand frisson s'empare de moi. L'émotion est si forte qu'une larme coule sur ma joue. Tous ces efforts pour accomplir cet ouvrage.

J'ouvre mon livre.

Calme-toi, c'est disproportionné, me dis-je.

Je secoue la tête, je n'en reviens pas. Les photos de mon grand-père, les photos du temps passé, tout y est.

Magnifique.

Ma vie peut bien s'arrêter sur-le-champ. J'ai accompli l'impossible.

Le vœu d'écrire un livre, que je caressais souvent du bout de ma plume, était devenu réel, bien réel.

Julie Audouin-Urdangaray, de Lancôme, m'appelle pour préparer le « lancement » de mon livre. Dire que je l'ai écrit pour quelques personnes et maintenant, c'est devenu un événement. Il va bien falloir que je le partage. En effet, mon idée première était juste de témoigner du fléau qu'est l'illettrisme. C'est comme un enfant que l'on désirait, juste pour soi. Maintenant, il faut l'offrir au monde, pour qu'il vive sa vie, qu'il y prenne place.

Le jour J du lancement est fixé : le 8 septembre 2020, pour les vingt ans de l'Agence nationale de lutte contre l'illettrisme. Pour moi, cela a du sens. Prouver au monde entier que nous ne sommes pas obligés de rester toute une vie avec un tel handicap, l'illettrisme.

Retourner à l'école à cinquante ans, c'est la meilleure chose qui me soit arrivée.

Ce bonheur, je veux le partager.

Comment expliquer dans quel état je suis ? L'exaltation, la peur, l'angoisse, la fierté, l'aboutissement, le respect de soi… Et surtout… Plus jamais honte !

Julie me connaît bien, elle sait que je suis de nature coquette. Elle demande à son équipe de me prendre un rendez-vous chez le coiffeur, puis pour le maquillage. Ma tenue vestimentaire est simple : pantalon noir, chemise blanche. Un super « taxi-Mercedes » vient me chercher à mon domicile. Je me sens comme une reine.

Cet instant doit être parfait. Bien sûr, les Éditions Prisma et l'agence de presse Proches sont présentes. Elles ont participé à la préparation de ce grand jour.

Nous arrivons enfin. Mon compagnon Patrice, toujours à mes côtés, me rassure :

– Ça va aller. Tu as fait le plus dur.

J'arrive dans le hall d'entrée d'un grand immeuble parisien. Aurélie, mon attachée de presse, me reçoit. Elle est grande, brune, et affiche un large sourire.

– Coucou mon Aline, tu as fait bonne route ? Tes rendez-vous se sont bien passés ? Tu es magnifique !

L'équipe Lancôme nous rejoint. De très jolies jeunes femmes. Elles m'expliquent le déroulement du lancement. J'entre dans la salle de conférences de l'agence Proches. Et là, une cinquantaine de journalistes, de youtubeurs se tiennent face à moi… Quelle organisation incroyable !

Mon fils Fabrice est là. Il a réussi à se libérer. Trop gentil. Je suis accompagnée des deux hommes de ma vie. C'est bon signe. Toujours dans ma tête, cette petite voix résonne : *Fille de paysan.* Mais je suis là, avec mes écrits, mon ouvrage, un témoignage pour la lutte contre l'illettrisme.

Julie Audouin-Urdangaray, la directrice de Lancôme France, et M. Fernandez, le directeur de l'Agence nationale de lutte contre l'illettrisme, sont prêts. Une journaliste prend la parole pour nous présenter aux autres. C'est elle qui animera la soirée. Mes jambes tremblent. Les sourires de mon fils et de Patrice me calment. Le courage est toujours là. Je sais que ça va aller.

La journaliste présente M. Fernandez et son magnifique combat pour 2,5 millions de Français concernés par ce handicap. Ensuite, c'est au tour de Julie qui représente Lancôme d'expliquer son investissement contre l'illettrisme des femmes avec leur association Écrire votre avenir (*Write Your Future* en anglais, pour le programme au niveau international).

La journaliste me présente comme la porte-parole de la lutte contre l'illettrisme et l'ambassadrice pour le programme « Write Your Future – Écrire votre avenir » de Lancôme. Elle me donne la parole. Les mots sortent de ma bouche naturellement. J'explique simplement le contenu du livre : il s'agit de ma vie.

Rien de plus simple à raconter. Je n'en dévoile pas trop... pour qu'ils aient envie de l'acheter, de le lire, de se l'approprier et de le partager.

Les questions s'enchaînent. Cela dure un long moment, merveilleux et inoubliable.

Dommage que la Covid nous ait obligés à réduire les invités sur place et à tenir nos distances. Mais c'est déjà bien plus que je n'aurais osé l'imaginer.

Quelle merveilleuse soirée de lancement ! Julie me commande un véritable taxi de star pour le retour chez nous. Patrice et moi nous installons, telles des vedettes de cinéma. Quelle aventure !

Et ce n'est que le début.

Arrivée à la maison, difficile de rester calme, de ne pas repasser la soirée en boucle dans ma tête. Je bavarde, je bavarde. Je suis excitée comme une puce. Impossible de trouver le sommeil. Je repense à toutes ces années où l'on s'est moqués de moi. Comme ce voisin, qui, après m'avoir entendue témoigner à la radio, m'a demandé si je n'avais pas honte ! (Comme s'il s'agissait d'un sujet à ne pas mettre en avant.) Honte de lutter contre l'illettrisme ? Sûrement pas, au contraire !

Ce soir, c'est comme si j'avais gagné la Coupe du monde.

Les semaines qui suivent sont très intenses en rencontres. Aurélie me prend des rendez-vous avec des youtubeurs (je remarque que toutes sont des filles) qui désirent mettre mon parcours en avant sur les réseaux sociaux. D'autres journalistes désirent me rencontrer sur des plateaux télé ou à la radio pour parler de mon livre et du parcours que j'y relate. Quelle aventure !

Avec Patrice, mon compagnon, nous avions décidé de quitter la région parisienne pour le sud de la France. En 2018, nous avions acheté un appartement sur plan. Mais la pandémie en a décidé tout autrement : la construction a pris un an et demi de retard. Or, de mon côté, j'avais déjà posé ma démission début 2020. Certes, pendant le confinement, j'ai pu écrire mon premier livre, mais je me suis tout de même retrouvée sans travail dès la fin de celui-ci. Il me fallait alors en retrouver un.

La différence, c'est qu'à présent je suis autonome. Je suis capable d'écrire une lettre de motivation et de rédiger mon CV.

Alors, plus de barrières.

Juste à côté de chez moi se trouve une entreprise d'aide à domicile. Je postule. Ils manquent de personnel et m'embauchent sur-le-champ. Mon CV leur convient : trente ans en milieu hospitalier avec plusieurs formations en hygiène alimentaire, un CAP d'hôtellerie, des connaissances en diététique, quinze ans en restauration et une large expérience en communication avec les patients. De plus, je possède le permis de conduire et une voiture.

Je commence dans cette entreprise au mois de juin. Encore une nouvelle expérience professionnelle à travers laquelle je découvre tout un métier : venir en aide à des personnes âgées.

Cela m'intéresse vraiment. Bien sûr, c'est un métier difficile. Porter les gens pour les lever le matin, faire leur toilette, préparer leurs repas, parfois les aider à manger, rentrer dans leur intimité (leur toilette intime, leurs problèmes personnels qu'ils partagent avec vous, leurs états émotionnels, parfois leur désarroi...).

Ce n'est pas facile. Chaque maison est différente. Chaque patient a un caractère propre, ses petites manies... Il faut aussi prendre en compte les demandes des familles. Tout doit être conjugué.

Pour que cela se passe au mieux, la douceur et la gentillesse sont des qualités primordiales, je dirai même, d'une grande nécessité.

Selon moi, « aide à domicile » fait partie des métiers les plus pénibles. En une journée, on doit se rendre au domicile de plusieurs personnes âgées. En arrivant et avant même de dire bonjour, on commence par pointer son heure d'arrivée à l'aide d'un téléphone portable et d'une carte. Et en partant, on s'empresse de pointer de nouveau, cette fois l'heure de départ. Et ce, pour chaque patient. Cela fait vraiment partie des aspects qui me dérangent dans ce métier, car il ne faut pas oublier que ce sont avant tout des clients, et que seul le temps passé avec eux leur est facturé. Même s'il faut se rendre chez plusieurs personnes dans la journée, le temps de transport n'est pas pris en compte. Parfois, entre deux clients, les aides à domicile sont obligées d'attendre dans la voiture car elles n'ont pas le temps de revenir chez elles, surtout à la campagne. En réalité, les aides à domicile sont considérées en moyenne comme travaillant à temps partiel, mais elles sont payées à peine six heures par jour alors que le travail combiné aux déplacements pour se rendre d'un client à l'autre représente une journée entière de huit heures, si ce n'est plus. Sans parler du sentiment d'isolement qu'on peut éprouver car on n'a pas vraiment d'occasions d'échanger autour de ce travail. Lorsque je travaillais à l'hôpital, on se réunissait régulièrement pour échanger sur les patients au moins pendant une demi-heure lors des changements d'équipes.

Voici un exemple d'une journée typique de mon travail en tant qu'aide à domicile :

Sept heures trente. Prise en charge de la première personne : il faut l'aider à se lever, l'aider plus ou moins à faire sa toilette selon ses besoins, à s'habiller, lui donner son petit déjeuner, l'installer dans son fauteuil. Et selon le temps imparti qui dépend des moyens des clients, faire le ménage. Tout cela, en une demi-heure ou trois quarts d'heure.

Il faut faire vite et bien.

Et surtout sans bousculer les personnes âgées, la plus grande des difficultés.

Entre sept et dix heures, on enchaîne toilette et petit déjeuner. Ensuite, s'il y a demande d'heures de ménage chez d'autres personnes, cela fait quelques heures de travail en plus. Sinon l'aide à domicile doit attendre la prise de travail suivante jusqu'au prochain client, en général pour le repas de midi, et ce, sans être payée. Vers midi, elle reprend du service chez quelqu'un pour préparer le repas, le servir et lui donner à manger si besoin.

Vers quatorze heures, c'est la pause repas pour l'aide à domicile. Puis, c'est reparti pour le ménage, avec parfois un accompagnement de la personne âgée (jouer aux dominos, l'emmener se promener, faire les courses avec elle...), pour ensuite enchaîner sur la prise du repas du soir, une petite toilette et le coucher. Retour à la maison vers vingt heures trente.

Voilà à quoi ressemble le métier d'une aide à domicile. On pourrait penser qu'elle est payée pour une journée de douze heures. Pas du tout. Pour se rendre d'un client à un autre, le quart d'heure ou la demi-heure de transport n'est pas rémunéré. Bien évidemment, en fin de journée, ça ne fait pas sept heures depuis qu'on a quitté son domicile. Pour ma part, je suis embauchée pour cent vingt heures par mois. Mais mes journées sont encore plus longues que lorsque je travaillais à l'hôpital. Avec une rémunération, bien sûr, en bas de l'échelle.

Le point commun avec le milieu hospitalier, c'est l'amour des gens. Aimer nos anciens, prendre soin d'eux, veiller à leur confort, leur donner le sourire. Ce sont des moments que j'ai adoré partager avec des personnes qui n'attendaient que mon arrivée pour égayer leur journée.

C'est une très belle expérience de vie. Mais impossible d'en vivre ! Financièrement, ça ne passe pas. Heureusement que mon compagnon Patrice est là.

Pour ce nouveau travail, je me suis bien gardée d'annoncer à mes responsables que j'avais écrit un livre sur l'illettrisme. Je ne veux pas tout mélanger : le travail et le plaisir. On ne se connaît pas assez. J'espère qu'ils partagent les mêmes valeurs que moi : penser à aider son prochain.

Mais après la sortie de mon livre, j'ai tellement de rendez-vous avec les journalistes que je suis obligée de prendre sur mon temps de travail et donc de leur expliquer. De toute façon, ils auraient fini par le savoir, en lisant la presse ou en regardant la télévision.

Et puis je me suis dit : *Plus jamais la honte. Que de la fierté et du bonheur !*

Alors je me lance et leur explique pourquoi je me bats aussi fort, tout en leur offrant mon livre dédicacé.

Ainsi, je peux leur faire comprendre que, quelquefois, il m'est nécessaire de décaler mon jour de repos. En avouant à mes supérieurs et à mes collègues toute cette vérité, je trouve en eux une chaîne de solidarité qui me permet de dégager du temps lorsque j'en ai besoin. Cela me fait chaud au cœur et je les en remercie. Encore une très belle équipe, pleine de dévouement et d'humanité !

Logique lorsque l'on fait ce métier.

Chapitre 2

Témoigner, partager et écouter

Suite à la sortie de mon livre, je reçois une invitation de la part d'étudiants de Lille. Ils souhaitent entendre mon témoignage pour leur mémoire de fin d'année. Le thème : l'illettrisme. Sans perdre une seconde, je réponds par l'affirmative. Ils voudraient m'entendre pour mettre en place une journée d'action contre l'illettrisme dans leur faculté.

Je suis toujours très touchée par ce genre d'initiatives. Vraiment. Je m'aperçois que nos jeunes ont un regard très ouvert sur ce handicap, bien que ces étudiants soient arrivés jusqu'à l'université et ont échappé à ce problème. Mais ils se sentent tout de même très concernés. Ils connaissent les statistiques et le taux d'illettrisme sur les Hauts-de-France : dix pour cent de la population en souffre. Cette région du nord de la France est l'une des plus impactées du pays.

Le rendez-vous téléphonique est pris, un mercredi, entre deux rendez-vous de travail comme aide à domicile. Ça se passera en visio. Avec la Covid, la visio par ordinateur, devenue à la mode, est bien pratique.

Encore faut-il savoir le faire et aussi avoir le matériel nécessaire… Pour ma part, j'ai de la chance, je sais me débrouiller maintenant. J'ai appris qu'il suffit de noter les codes que l'on reçoit par mail, puis ouvrir le lien que l'on envoie, rentrer les codes et c'est parti. D'ailleurs, la procédure est simplifiée depuis… Plus besoin de code. Cliquer sur le lien que l'on reçoit est suffisant.

Avec les étudiants, notre conversation dure plus d'une heure. Ils m'avouent que dans leur entourage ils connaissent des personnes qui savent utiliser des stratagèmes de contournement pour éviter de dévoiler leur handicap d'illettrisme. Par exemple, elles se cachent derrière l'excuse de ne pas avoir de lunettes ou de stylo. Avec leur journée d'action, ces étudiants espèrent les diriger vers le numéro d'assistance[1] pour les aider à sortir de ce handicap. Pour informer le public lillois de leur journée d'action, ils ont placardé des affiches à plusieurs endroits de la ville.

---

1. 0800 11 10 35. Ce numéro dirige vers le centre de ressources illettrisme le plus proche.

Le lendemain, un nouveau message m'attend dans ma boîte mail de la part de Sandra de Santos, référente du centre de ressources illettrisme du Carif-Oref de Normandie. Elle agit en collaboration avec Pôle emploi et me demande un rendez-vous téléphonique. Elle désire organiser une dédicace de mon livre (à distance à cause de la Covid) à l'occasion du challenge Pôle emploi qui a lieu pour la quatrième année consécutive. Tous les ans, des prix sont attribués à des agences Pôle emploi de Normandie pour leurs actions menées pendant la semaine des Journées nationales d'action contre l'illettrisme. Elle me demande d'écrire quelques mots sur une feuille blanche, de la scanner et de l'envoyer en pièce jointe. Malgré mon peu de connaissances informatiques, je m'arme d'une bonne dose de persévérance, et finis par y arriver. C'est ainsi que chaque agence reçoit le livre *J'ai appris à lire à 50 ans* dédicacé par Aline Le Guluche. Pour conclure, la directrice régionale de Pôle emploi Normandie remettra un prix spécial Partenariat au centre de ressources illettrisme du Carif-Oref[1] de Normandie.

---

1. Les Carif-Oref sont des acteurs importants de la formation, notamment de la formation continue.

Pendant cette période compliquée, il a fallu se réinventer, par exemple pour pouvoir organiser une dédicace à distance. Ils ont imprimé la dédicace que j'avais envoyée par mail et l'ont remise à chaque participant.

Je suis très touchée que de nombreux acteurs de bonne volonté en Normandie soient récompensés avec un livre écrit par une personne encore illettrée à presque cinquante ans. Pour moi, c'est vraiment une façon forte de les remercier.

Quelques semaines plus tard, en octobre 2020, Aurélie, de l'agence Proches, m'appelle pour organiser une rencontre (en présentiel !) avec des personnes qui suivent une formation afin d'acquérir les compétences de base pour un retour à l'emploi. Cette formation implique de revoir les bases en orthographe, en grammaire, en lecture, mais aussi de revoir des notions de mathématiques. Cela faisait longtemps que j'espérais aller à la rencontre de ces apprenants, mais à cause de la Covid, tout a été bien compliqué. J'apprends que cette rencontre est organisée dans le cadre d'un reportage pour M6.

Le rituel est mis en place, pantalon noir, chemise blanche, cheveux, maquillage… J'ai revêtu mon costume de guerrière. Tout doit être parfait. Je suis prête, le taxi arrive.

Marion, de l'équipe Lancôme, et Aurélie, mon attachée de presse, m'attendent avec les journalistes, à l'entrée de cette école pour adultes.

Aurélie me présente au directeur du centre de formation, un homme d'une bonne corpulence qui nous accueille et nous dirige vers une classe très similaire à celle que j'ai connue lors de ma formation en « compétences clés » à Paris. La salle est simple, lumineuse et pratique.

Les élèves se présentent.

J'ai l'impression de revenir sur mes pas en rencontrant ces personnes qui ont vécu les mêmes souffrances que moi. Cela me fait chaud au cœur. Cette fois, ce sont toutes des femmes, entre trente et cinquante ans.

Elles ont travaillé toute leur vie, se sont retrouvées au chômage et là bien sûr, à cause de leur manque de compétences, elles rencontrent des difficultés à retrouver un emploi. Ce centre de formation existe pour leur donner les outils nécessaires afin d'évoluer vers un CAP et retourner dans le monde du travail. Sans compétence, surtout les fondamentaux de la lecture et de l'écriture, et sans diplôme, c'est devenu impossible.

Je me présente et leur explique mon parcours. Retourner à l'école pour avoir la possibilité d'évoluer m'a permis de devenir une femme plus forte et plus libre. Au fur et à mesure que je leur explique ma situation, je vois les visages s'éclaircir. Elles commencent à sourire et à se détendre.

J'ai aussi envie de connaître leur parcours :

– Qu'est-ce qui vous est arrivé dans la vie pour que vous vous retrouviez dans la même situation que moi, dans cette prison intellectuelle, ce handicap qui vous ferme toutes les portes ?

Une femme, plutôt élégante, prend la parole :

– Je m'appelle Christine, j'ai commencé à travailler à seize ans chez un coiffeur, sans aucun diplôme. On n'en avait pas besoin à l'époque. J'ai commencé par faire les shampooings, puis les coupes et les brushings. Ma patronne m'a tout appris sur le tas. Toutes ces années, j'étais heureuse de travailler sans responsabilité, à part celle de couper des cheveux et de faire des brushings. Pour cela, pas besoin de savoir lire et écrire correctement. Les prises de rendez-vous, c'est la patronne qui les prenait.

J'ai eu la chance de me marier et pour tout ce qui est administration, courriers et comptes, mon mari s'en est toujours chargé. Moi, mon rôle était de tenir la maison propre et de gérer les enfants. Dans notre couple, à chacun ses compétences et cela s'est toujours déroulé naturellement. Nous étions complices et amoureux. Je n'ai jamais eu besoin de parler de mes problèmes d'écriture et de lecture. Unis pour le pire et le meilleur. Cela a toujours été notre cheval de bataille, une véritable union. Mais les choses ne restent pas figées éternellement. Un jour, nos incompétences nous rattrapent. La personne qui m'employait depuis trente ans a fermé boutique et j'ai été licenciée à quarante-cinq ans. Une véritable catastrophe pour moi. Bien sûr, je suis une bonne coiffeuse, mais aujourd'hui, le fait de ne pas bien savoir lire et écrire me ferme toutes les portes. J'avais bien envie de postuler dans plusieurs salons de coiffure, près de chez moi. Mais dans tous les salons, les patrons demandent que le personnel réponde au téléphone, prenne les rendez-vous, avec le nom et les demandes des clients, ainsi que de prendre en charge tous les impératifs nécessaires pour la gestion d'un commerce. J'en suis incapable. C'est pour cela que j'ai profité du fait d'être au chômage pour entrer dans cette école. Avec cette formation, j'espère retrouver du travail et m'épanouir autant que vous.

En prononçant cette dernière phrase, elle affiche un sourire et les larmes coulent sur ses joues. Alors, je m'approche d'elle et la serre dans mes bras.

Je comprends l'émotion qu'elle ressent. C'est toujours très difficile de parler, d'avouer son illettrisme. Je lui explique qu'elle est très forte, je l'encourage. Je lui dis que je fais toujours des fautes d'orthographe, que je ne suis toujours pas la meilleure de la classe. Mais aujourd'hui, je suis une femme autonome. J'accepte mes fautes, je lis doucement et je comprends bien mieux. C'est devenu ma force.

Elle me répond qu'elle voudrait obtenir un CAP et qu'elle commence à écrire de mieux en mieux. Je lui tiens la main et l'encourage à m'expliquer au mieux les problèmes qu'elle rencontre.

Elle continue :

– Je vous ai vue il y a quelque temps dans une vidéo, dans laquelle vous disiez avoir « dompté la bête » en parlant de votre ordinateur. Pour moi, cela reste encore extrêmement compliqué. Je n'ai jamais eu besoin d'utiliser ce genre d'outil, mais à présent si je veux travailler, c'est obligatoire.

Je lui réponds que j'ai moi-même fait la validation de mes acquis avec cet outil. Et pour cela, j'ai eu la chance d'accéder à des formations pour savoir utiliser l'ordinateur, aller sur Internet. Comme elle va aussi pouvoir le faire dans son apprentissage qui, c'est sûr, est difficile, mais nécessaire.

Je suis sûre qu'elle va y arriver. Je le lui dis et lui répète plusieurs fois. À nouveau, je la prends dans mes bras pour lui donner de mon courage, de ma force et de ma détermination. Je suis submergée par une vague d'émotions. Les larmes coulent sur mes joues à mon tour.

Les échanges avec les autres femmes de la formation sont très puissants. Elles sont toutes remplies de courage pour reprendre leur vie en main et se créer un nouveau destin, sans jamais rien lâcher.

C'est vraiment magnifique de rencontrer ces personnes courageuses. Quelle belle récompense et quel bonheur pour moi.

Je serais bien restée avec elles plus longtemps. Mais il est tard, il faut que chacun rentre chez soi.

Chapitre 3

L'illectronisme, illettrisme de notre époque

Pour ma part, j'arrive à la maison heureuse, mais fatiguée, je reprends mon habit d'aide à domicile et me rends chez Mme Framboise pour mon travail.

Je toque à la porte.

– Bonjour madame Framboise, c'est moi, Aline.

Tout en me déchaussant, je lui demande comment elle va. Je sors ma carte de pointage. Je jette un œil dans le salon et aperçois un couple.

– Oui, bonjour Aline, ma fille Sophie vient de sortir de l'hôpital. Elle a fait une dépression. Tu te rends compte ? À soixante ans ! Théoriquement à son âge, tout commence à aller mieux. Son mari Patrick se prépare pour la retraite. Ils devraient se détendre ! J'ai peur que ce soit moi qui leur cause du souci, me dit-elle en baissant les yeux.

– Mais non, maman, pas du tout ! répond sa fille. C'est juste trop de surmenage ! Je n'arrive pas à me débattre avec toute cette administration à remplir pour la demande de retraite de Patrick. Pour maman, tout a été réglé par courrier ou bien je me suis déplacée à leur bureau. Pas besoin d'aller sur un ordinateur.

Patrick prend la parole :

– En fait, les problèmes ont commencé avec moi. J'ai fait un courrier à mon patron, pour lui annoncer mon désir de prendre ma retraite. J'ai travaillé toute ma vie dans le bâtiment. Il est plus que temps que j'arrête, je suis fatigué. J'ai mal au dos. Il faut bien comprendre que, toute notre vie, nous avons fait des courriers envoyés par la poste, nous nous sommes déplacés dans les services publics, aux impôts, à la caisse de retraite, à la sécurité sociale, à la mairie… Maintenant, il faut tous les contacter par ordinateur.

Mais nous n'en avons pas ! Et nous n'avons pas Internet. Nous n'avons qu'un vieux téléphone portable à clapet. Il nous suffit et ne coûte pas cher. Pourquoi en prendre un autre ? Il y a deux ou trois ans, lorsque j'ai commencé à préparer ma retraite, je me suis rendu à la caisse de retraite. Leur bureau était encore ouvert et on pouvait prendre rendez-vous. C'était encore possible. J'ai fourni à la petite dame en face de moi tous les papiers qu'on me demandait, les fiches de paie des différents employeurs, etc. Elle connaissait bien son travail. Elle a préparé mon dossier. Ensuite, elle m'a dit qu'il fallait aller sur le site de la retraite pour finaliser ma demande au moment venu. Et moi je lui répétais que j'avais peur de ne pas réussir car je n'ai même pas d'ordinateur ! Je connaissais un petit jeune à qui je pouvais demander, le fils de mes voisins. Je n'aime pas ça, cela fait partie de ma vie très privée. Confier mes affaires à quelqu'un, ce n'est pas confortable. Cela ne regarde que moi. Mais voilà, j'allais être obligé de lui demander. J'aurais préféré que la petite dame finalise ma demande bien sûr.

Je regarde Mme Framboise et lui demande ce qu'elle veut manger ce midi.

– Ne bougez pas, Aline, je donnerai à manger à maman, dit alors Sophie, restez avec nous, prenez une chaise. Il faut que je vous explique. Nous savons qui vous êtes, Aline. Comme j'étais hospitalisée, j'ai eu le temps de regarder la télévision. Je vous ai vue dans l'émission avec Faustine *Ça commence aujourd'hui*. Vous racontiez votre parcours impressionnant.

Je suis confuse, je ne m'y attendais pas à celle-là ! Quelle magnifique émission, c'était une très belle aventure. Faustine est vraiment quelqu'un de formidable, à l'écoute des gens, elle n'en fait pas trop, juste ce qu'il faut. Je trouve qu'elle a une grande ouverture d'esprit.

– Oui, c'était vraiment super. Si vous saviez le nombre de messages que j'ai reçus *via* Internet, beaucoup de personnes se retrouvent dans mon parcours. Je m'étonne moi-même. Je vais vous en lire quelques-uns. Le premier vient d'une personne du même village que moi :

« Bonjour Aline, j'ai regardé l'émission *Ça commence aujourd'hui*. Je t'ai trouvée formidable avec une telle assurance en toi. Bravo ! Avec toutes les épreuves que tu as traversées, tu es très courageuse. Quand tu as évoqué l'attitude de l'instituteur de notre village, Dennemont, cela m'a rappelé des souvenirs. J'ai été dans la même classe que tes frères, je me rappelle bien la maltraitance qu'ils ont subie. Mais à l'époque, personne n'intervenait. Ce serait aujourd'hui, l'instituteur serait en prison. Enfin, tu es libérée et je suis contente pour toi. Bises. »

« Bonjour Aline, j'ai été très touchée par votre histoire. Je suis orthophoniste et je pense aussi que nous devrions être autorisés à intervenir dans les écoles. Je vous trouve très courageuse. Bravo pour votre combat. »

Après avoir lu ces témoignages, je reviens vers Patrick pour qu'il me raconte la suite de ses « aventures » pour son dossier de retraite.

– Toute cette paperasse qu'il faut gérer avec un ordinateur ! Tout ce bazar a fini par nous rattraper. Je n'y connais rien et cela ne m'intéresse pas. Ces dernières années, pour les impôts, c'était donc le fils de notre voisin, Kevin, qui s'en chargeait. Je n'aime pas beaucoup qu'on s'occupe de mes affaires, mais il était tellement gentil ! Alors, on lui faisait confiance. Il nous faisait nos impôts sur Internet ainsi que ceux de ses parents, de ses grands-parents et plusieurs personnes du quartier. On l'avait nommé « responsable des impôts » !

Je souris en regardant ma montre.

– Pour lui, les ordinateurs n'avaient pas de secret. Heureusement qu'il était là pour aider. Il nous a donné un petit calepin avec les codes et les numéros d'accès pour nos impôts. À ne pas égarer, nous disait-il. Comme je vous l'ai dit, je pensais qu'envoyer un courrier suffirait et que tout se ferait automatiquement. J'imaginais naïvement que les choses allaient se mettre en place naturellement. Mais c'était sans compter sur le fait de ne pas avoir d'ordinateur et de ne pas savoir utiliser cette machine. Quelque temps avant la date fatidique du départ tant attendu, j'ai téléphoné à la caisse de retraite pendant plusieurs jours. Mais personne ne répondait. Une voix me disait que toutes les lignes étaient occupées et qu'il fallait aller sur le site de la caisse de retraite ! Je n'ai jamais touché à ce truc d'ordinateur. Je pensais bien donner le relais à Kevin, mais voilà, pendant la pandémie, il était tombé malade de la Covid, avait été hospitalisé et se trouvait en réanimation. À quarante ans, il était en surpoids et faisait du diabète. Nous ne pouvions même pas lui rendre visite à l'hôpital. Après un mois d'hospitalisation, son cœur s'est arrêté définitivement. La Covid l'a emporté. Les personnes du quartier ont été terriblement touchées par cet événement. Ce fut une période très difficile pour nous tous. Comme nous n'avons pas eu la chance d'avoir des enfants, on s'était attachés à ceux de notre quartier. Kevin était notre chouchou. Pour Sophie, cela a été un coup dur.

Je l'écoute. Mais les quarante-cinq minutes destinées au repas sont passées. Cet après-midi, je vais revenir pour une partie de dominos avec Mme Framboise et lui préparer le goûter. Je m'excuse auprès d'eux, et leur dis que je pourrais écouter la suite une prochaine fois. Une autre personne attend pour son repas. Avant de partir, je pointe. Puis je prends la route pour aller chez Ginette.

Même rituel. Je me déchausse. Je tape le code pour ouvrir la boîte à clé. Je pointe.

– Bonjour madame Ginette, comment allez-vous ?

Tout en préparant son repas, on discute de la pluie et du beau temps. J'ai une demi-heure : surtout, ne pas oublier le tic-tac de la montre. Si je n'y prends pas garde, mes bavardages vont encore me mettre en retard. Il va bientôt être l'heure que je parte.

– Est-ce qu'il vous manque quelque chose ?

– Oui, tu peux m'emmener aux toilettes avant de partir ?

– Oui bien sûr, avec plaisir. Et je vous installe dans votre fauteuil avant de partir.

– Comme d'habitude, c'est toi qui viens ce soir ?

– Oui, à dix-huit heures trente.

– C'est un peu tôt pour manger.

– Je sais bien, mais je n'ai pas le choix. Allez ! À ce soir !

Je rentre à la maison pour déjeuner et me reposer un peu. Je reprends à quinze heures chez Mme Framboise. J'ai tout de même hâte d'entendre la suite des histoires de sa famille.

Toujours ponctuelle, me voici de retour chez Mme Framboise. Un thé et des petits gâteaux m'attendent. Cela est bien rare. Habituellement, c'est moi qui sers les gens.

Patrick reprend la parole :

– Le départ prématuré de Kevin nous a causé une grosse tristesse et bien des soucis. Nous avions l'habitude qu'il s'occupe de tout ce qui était informatique. Pendant ce temps-là, la date de ma retraite approchait, et toujours pas de nouvelles. Un pot de départ, prévu dans le garage de mon collègue, s'organisait. Le jour J, quelques cadeaux sont disposés sur une table. Mes amis ont l'air bien fiers de leurs achats. Je commence par le plus petit. Un téléphone portable nouvelle génération. Mais qu'est-ce que je peux en faire ? Je ne sais pas utiliser ce genre de choses ! J'arrache le gros nœud rouge du plus gros paquet.

Et là, la cata ! Un ordinateur portable !

Je les remercie, même si j'ai le sentiment qu'ils se sont trompés malgré leur bienveillance. Je ne sais pas utiliser un ordinateur, encore une fois, je n'ai pas Internet ! Il va falloir m'aider à installer tout cela. Et en plus, je n'ai plus mon petit Kevin, pour m'aider. Mon collègue Jean-François m'a gentiment proposé de venir à la maison me donner un coup de main et m'expliquer les rudiments pour faire fonctionner ordinateur et téléphone portable. Pendant ce pot de départ, les rigolades sont allées bon train ! C'était un moment très agréable. À la fin du mois, j'entamais ma retraite et toujours pas de nouvelles de la caisse de retraite. Comme promis, Jean-François vient une première fois à la maison. Il découvre que nous n'avons même pas Internet. Nous sommes des dinosaures ! Pour le téléphone portable, nous avons une carte rechargeable. Cela nous suffit. Jean-François me demande de rassembler des documents nécessaires pour installer Internet. C'est là que je me suis aperçu que j'avais été un peu bête de ne jamais m'être intéressé à tout ça. En même temps, je n'en ai jamais eu besoin. Je demande à Jean-François combien va nous coûter cette histoire. On en aura pour cinquante euros tous les mois, tout compris. Et bien, sur l'année ça fait une belle somme ! Un mois après, nous avions Internet et Jean-François est venu mettre l'ordinateur en marche. Il nous explique : le mot de passe pour ouvrir l'ordi, la création de la boîte mail, comment aller sur le Web… On répond « oui » à tout. Oui oui oui oui…

Et en fait, nous ne retenons rien du tout.

Il faudrait vraiment que l'on prenne des cours. Mais, en attendant, je rappelle la caisse de retraite pour m'assurer de la prise en charge de mon dossier. Enfin ! J'ai quelqu'un au bout du fil. Elle me dit qu'ils ont bien mon dossier, mais qu'il n'est pas encore pris en charge et qu'il va falloir attendre entre quatre et six mois. Mais je suis à la retraite depuis un mois ! Elle m'explique que j'aurais dû attendre que mon dossier soit finalisé pour envoyer mon courrier prévenant mon patron que je désirais partir à la retraite. À mon tour, je lui explique que la petite dame qui s'était occupée de moi m'avait dit que mon dossier était prêt. De confusion en confusion, me voici au moins six mois sans salaire. « Il faut aller sur Internet sur le site de la caisse de retraite, sur votre compte... », répète la dame en boucle. Et moi, je me tue à lui dire que je ne sais pas le faire. Ce n'est pas mon métier, ce ne sont pas mes compétences. La situation est devenue tellement critique que Sophie a craqué. C'était trop pour elle. La perte de notre ami Kevin, plus les problèmes d'administration, moi sans salaire... Elle est tombée malade en dépression.

Je regarde Mme Framboise et je lui signale que pour aujourd'hui la partie de dominos, c'est un peu foutu. Assise dans son fauteuil roulant, elle me dit que ce n'est pas très grave.

– Des parties de dominos, on aura tout le temps d'en faire ! Ça me fait plaisir de vous voir discuter tous autour de ma table, ça anime un peu la maison.

– Vous savez messieurs-dames, leur dis-je, vous n'êtes pas les seuls à avoir des soucis pour tout ce qui concerne le numérique. Moi-même, qui utilise mon ordinateur tous les jours pour de multiples services, je suis bien souvent en difficulté. Par exemple, mon compagnon prend sa retraite dans quelques mois. Il y a deux ans, il avait pu se rendre directement à la caisse de retraite pour être sûr que tout soit prêt pour ses soixante-deux ans. Nous aussi, on pensait qu'un simple courrier suffirait. Mais non ! Pas du tout. Et je pense que cette histoire de Covid ça n'a rien arrangé. Plus moyen d'avoir un rendez-vous en présentiel. Nous avons juste réussi à prendre un rendez-vous téléphonique avec une conseillère qui, elle aussi, nous a répondu qu'il fallait aller sur le site et ouvrir un compte pour la retraite. Rien que pour y aller, il a fallu beaucoup de temps, lire plusieurs fois pour comprendre comment cela fonctionne. Grâce aux vidéos qu'ils mettent en ligne, nous avons tout de même réussi. Mais plus d'une fois, j'ai eu envie de jeter l'ordinateur par la fenêtre. Je vous passe les détails car ce fut tout de même un véritable chemin de croix pour y arriver. À chacun son métier. La conseillère m'a dit d'aller sur « mes documents ». Elle m'a expliqué comment transmettre les fiches de paie et autres documents nécessaires pour valider les trimestres manquants de Patrice. Pour cela, encore faut-il avoir le matériel nécessaire, à savoir une imprimante. Malgré ma vieille imprimante et mon ordinateur plus tout jeune, j'ai fini par y arriver. Mais en partie seulement. Il m'a fallu plusieurs jours pour comprendre comment cela fonctionnait. Au bout d'un moment, ça affichait que je ne pouvais plus ajouter de nouvelles pièces jointes. J'ai dû rappeler la conseillère que j'ai eue au bout de plusieurs essais et je lui ai expliqué le problème. Elle m'a suggéré de tout envoyer par courrier recommandé. Toutes ces journées d'énervement m'ont déclenché plusieurs crises de larmes. Mettre tout un courrier en lettre recommandée. J'aurais pu le faire dès le début ! Nous aussi, et nous ne sommes pas les seuls, nous avons rencontré beaucoup de difficultés, mais sa retraite a quand même été programmée pour le mois de mars.

Je conseille à Patrick d'essayer de trouver de l'aide avec ses anciens collègues pour remplacer Kevin. C'est malheureusement à nous de nous adapter.

Sur ce, je leur souhaite une bonne soirée. Je reviendrai le lendemain matin à huit heures pour la toilette de Mme Framboise. Je remonte dans ma voiture, il ne me reste plus que deux clientes et ma journée s'achève.

À peine rentrée, le téléphone vibre. C'est un petit message de l'équipe Lancôme pour confirmer l'arrivée du taxi à treize heures quelques jours plus tard. Je vais me rendre à Ermont en banlieue parisienne pour un reportage. *Télématin* sur France 2 souhaite faire un reportage à l'association Compter Lire Écrire (CLE). Je vais rencontrer les participants, des adultes qui ne maîtrisent pas encore la lecture et l'écriture. Cette formation améliorera leurs compétences. Le jour J, j'échange le jean et les baskets contre un pantalon noir et une chemise blanche. Chaussée de mes escarpins préférés, je m'engouffre dans mon taxi, toujours ponctuel.

Chapitre 4

Écouter pour ensuite encourager

Arrivée à destination, de grands immeubles d'habitation s'élèvent. Nous sommes dans une cité. J'aperçois au loin Marion, de Lancôme, et Aurélie, de l'agence Proches, en pleine discussion avec les journalistes.

Nous bavardons deux ou trois minutes avant de nous engouffrer dans une petite porte. Les murs sont tapissés d'affiches publicitaires pour les formations. Il y a même une affiche où je suis en binôme avec ma formatrice des « compétences clés » de Paris. Cette image me fait sourire. En légende : « L'une avait peur que ses enfants aient honte d'elle avant d'accepter de l'aide de l'autre. » L'illettrisme n'a pas de visage.

C'est drôle de me voir ainsi.

Je sais trop bien que l'éducation, la connaissance sont le point de départ de l'émancipation de la femme. Aller à la rencontre de ces apprenantes a vraiment un sens pour moi. La directrice de l'établissement ainsi que les formateurs m'attendent à l'entrée de l'école. Après les présentations d'une classe avec plusieurs femmes assises devant un ordinateur, nous nous dirigeons vers une pièce où seulement quatre élèves de la classe nous rejoignent. Tout le monde porte le masque encore obligatoire et, à cause des restrictions, toute la classe ne peut pas participer à la discussion qui va suivre. Les apprenantes ont préparé une liste de questions pour moi. Je me présente, leur raconte brièvement mon parcours qui a été difficile et je les encourage à continuer à acquérir des compétences.

À leur tour, elles m'expliquent qu'elles apprennent à lire et à écrire, mais que le plus important pour elles, c'est de devenir autonomes, capables de se débrouiller toutes seules dans la vie quotidienne sans être dépendantes.

L'une d'elles a vingt-cinq ans.

– Je m'appelle Lydia. J'ai un enfant de cinq ans.

Elle est fière de me dire qu'elle est sortie de l'école à seize ans, comme moi en situation d'illettrisme, et qu'elle a fait tout un tas de petits boulots pour avoir un salaire.

– Je suis encore jeune, et j'ai bien compris que mon handicap est un frein et que je ne pourrai jamais évoluer tant que je ne l'aurai pas surmonté, et ce malgré les propositions d'évolution de mes différents employeurs à qui je n'ai pas fait savoir mes difficultés pour lire et écrire. J'ai eu des opportunités, des propositions de postes avec un peu de responsabilité, mais j'ai été obligée de les refuser. J'ai dit que cela ne m'intéressait pas. C'était un mensonge de ma part car je n'étais pas prête à avouer mon illettrisme, même si on allait penser en face que je ne voulais pas évoluer.

Mais, je n'en pouvais plus de cette situation. Je ne voyais pas une belle vie se présenter devant moi, notamment en tant que mère de famille. Il était temps que je change mon image pour que mes enfants n'aient pas honte de moi. Alors, j'ai cherché, je me suis renseignée et j'ai trouvé cette école qui propose la formation « compétences clés ». Je suis très heureuse d'avoir rencontré cette association qui me donne une nouvelle chance, celle d'être autonome. Car j'envisage, à l'issue de cette formation, de passer un CAP de pâtisserie.

Elle me raconte tout cela avec un tel enthousiasme que ses yeux pétillent.

– Vous savez Aline, vous êtes notre exemple. Il faut que nous aussi on y arrive. Je sais me servir de mon téléphone, aller sur les réseaux sociaux... Mais je suis incapable de faire un vrai courrier, de m'occuper des allocations familiales... Alors oui, je me lève le matin, je viens dans cette association et je me bats tous les jours pour évoluer, pour que ma fille ait une maman comme les autres. Car lorsqu'elle me rapporte des papiers concernant sa scolarité, je suis obligée de les donner à une amie pour qu'elle me les lise. Je ne comprends pas tout ce qui est écrit et ce qu'il faut faire. Mon amie est gentille, elle me fait tout ce dont j'ai besoin, mais ce n'est pas normal, rajoute-t-elle en baissant la tête.

Car la honte nous rattrape toujours.

Encore une fois, j'ai bien du mal à retenir mes larmes et je lui réponds :

– Vous savez, j'ai fait beaucoup de progrès, mais je fais toujours des fautes d'orthographe, je m'entraîne à écrire tous les jours parce que j'aime ça. Lire et écrire, cela enrichit l'esprit et le vocabulaire.

– Eh bien, moi aussi, je veux écrire tous les jours quelques phrases, me répond-elle. J'écrirai avec mon ordinateur. Je ferai comme vous. Je ne lâcherai rien.

Une femme d'origine africaine me raconte qu'elle n'est jamais allée à l'école en France car elle avait vingt ans à son arrivée dans le pays. Son mari et sa famille lui disaient que ce n'était pas la peine d'aller dans des centres de formation d'alphabétisation. Elle était très bien au sein de sa communauté. Son mari travaillait et elle s'occupait des enfants.

– Il y a quatre ans, mon mari, vingt ans plus âgé que moi, est parti en vacances dans son pays. J'aimais bien qu'il parte tout seul au pays. Ainsi, j'étais tranquille car je subissais beaucoup de violence conjugale, me dit-elle en baissant la tête. Il n'est jamais revenu. Il m'a laissée avec nos deux enfants. Grâce à l'aide d'une assistance sociale du quartier, j'ai pu m'en sortir. Elle s'est occupée de mes papiers. Une amie m'a trouvé du travail dans une société de ménage. Mais j'avais des problèmes de lecture et d'écriture, je ne pouvais pas accéder à tous les postes. Je travaillais toujours avec quelqu'un. Pour moi, c'était compliqué de comprendre les plannings, la fiche de paie. Je voulais lire votre livre, mais je n'ai pas pu, alors je l'ai écouté en audio tout en faisant le ménage et je suis retournée voir l'assistante sociale qui m'a inscrite dans l'association. Depuis, j'ai bien progressé, je parle mieux la langue française, j'apprends le fonctionnement de l'ordinateur. Je vais sur mon compte bancaire, sur le site des allocations familiales, des impôts et surtout pour l'école de mes enfants. Je ne suis pas encore autonome, mais je progresse tous les jours. C'est cela, la vraie liberté.

– Je suis bien d'accord avec vous.

Je reste émerveillée devant un tel courage. Combien de personnes reste-t-il à motiver ? Combien de personnes reste-t-il à rallier à cette cause, le combat contre l'illettrisme ? Quant à l'illettrisme des temps modernes, l'illectronisme, il faut l'éradiquer avant qu'il ne prenne trop d'ampleur dans la vie quotidienne.

Les sourires et les encouragements clôturent cette belle rencontre. La directrice me suggère de passer un moment dans son bureau.

– Je voulais aussi vous parler tout particulièrement de M. Pierre qui n'a pu être présent aujourd'hui car cette journée était dédiée aux femmes. Pierre est un homme de cinquante-cinq ans qui a perdu son emploi il y a deux ans. Carreleur de métier, il a commencé à quinze ans en tant qu'apprenti. Toute sa vie, il a travaillé de ses mains. Il est tellement gentil qu'il m'a traînée chez lui pour me présenter sa femme et ses enfants. C'est ainsi qu'il m'a fait visiter sa maison qu'il a construite, pour une grande partie de ses mains. C'est un homme du bâtiment. Il sait tout faire, monter un mur, poser une fenêtre... Mais depuis quelques années, il souffre du dos et ne peut plus travailler physiquement. Malheureusement, cet homme ne sait pas utiliser un ordinateur et il a quelques problèmes de lecture et d'écriture. De plus, il est un peu bègue. Grâce au numéro vert de l'ANLCI, sa femme nous a contactés. Cela fait un an qu'il vient très régulièrement. Même s'il n'a pas cours, il vient quand même. Il a une formatrice particulière pour lui apprendre les rudiments de l'ordinateur. Il ne faut pas le brusquer, sinon il panique vite, mais à présent il fait ses recherches tout seul. Il est devenu notre mascotte. Il ne veut toujours pas d'ordinateur chez lui, il préfère venir ici, il a confiance en nous, ça le rassure. C'est un homme qui gagne en autonomie tous les jours grâce à sa persévérance.

Je la remercie infiniment pour tout ce qu'elle fait pour ces personnes en difficulté. Je repars avec tous ces merveilleux témoignages en tête. Je suis très heureuse de toutes ces très belles rencontres.

Il ne faut pas que je tarde trop, car la soirée va vite passer. Et demain matin, à sept heures trente, je commence par la toilette de Mme Framboise.

– Comment allez-vous ce matin, avez-vous passé une bonne nuit ?

– Oui, merci.

Tout est chronométré. Il ne faut pas perdre de temps. Cela aurait des conséquences toute la matinée. La toilette et le petit déjeuner de Mme Framboise terminés, elle me pose une question.

– S'il vous plaît, Aline. Est-ce que cet après-midi, vous pourriez donner un cours à ma fille pour qu'elle me prenne un rendez-vous chez le dermatologue sur « Doctolib ». Je sais bien que ce n'est pas votre travail, mais voilà, je ne connais que vous pour m'aider. Lorsqu'on prend le téléphone pour appeler le dermato, il y a un robot qui nous demande de prendre rendez-vous sur « Doctolib ». Je ne sais même pas ce que c'est !

Mme Framboise commence à pleurer.

– Ils n'ont qu'à me laisser mourir. Ce sera plus simple !

– Ah non. Je ne veux pas entendre ces grosses bêtises !

– Tu te rends compte, il n'y a pas autres solutions pour prendre un rendez-vous chez le dermatologue. Je n'ai plus qu'à me dépêcher de mourir. Il n'y a plus de place pour moi dans ce monde. Ma fille ne sait pas le faire, pourtant, vous avez le même âge.

– Pas de souci, je vais vous faire ça cet après-midi. Ce n'est pas seulement une question d'âge.

C'est compliqué pour certaines personnes tout simplement. Dites à votre fille d'apporter son téléphone pour prendre le rendez-vous sur Doctolib.

– Oui, souviens-toi. Les amis de Patrick lui en ont acheté un pour son départ à la retraite.

– Vous savez je ne suis pas très douée. Je me débrouille juste pour mes petites affaires.

– Je pense que vous êtes plus douée que moi.

Je repars de chez Mme Framboise pour revenir à seize heures trente après une grosse coupure. À mon arrivée, depuis le portail, j'aperçois le comité d'accueil. Je comprends combien une simple prise de rendez-vous sur Doctolib peut les angoisser. J'ai moi-même eu ma dose d'énervement avant de maîtriser la bête. Et je peux vous dire que la bête évolue plus vite que moi !

– Alors, dites-moi comment je peux vous aider, je ne suis pas très douée…

– Tout de même, plus douée que moi, répond Sophie.

– Sur votre téléphone, c'est plus pratique que sur un ordinateur. Je vous installe l'appli. Voilà, en deux clics, c'est installé. Maintenant, prenez votre téléphone, avec votre doigt, ouvrez l'appli, regardez, c'est assez simple, il suffit de lire tranquillement et de remplir les documents virtuels. Oh zut, toujours ces pages de pub ! Des cookies, ils appellent ça. C'est nul et ça nous enquiquine toujours. Ça me stresse, il faut toujours faire attention car ces trucs-là, c'est toujours une source de problèmes. Moi, j'accepte toujours car des fois, quand on refuse, ça bloque. On ne sait même pas ce que l'on accepte, d'ailleurs. Ce sont bien souvent des arnaques. Alors danger. Comment faire pour les éviter ? Ça, je ne sais pas trop, moi, je les ferme, mais quelquefois, ils ne veulent même pas se fermer.

– Je suis vraiment nulle, ajoute-t-elle.

– Ah non, ne dites pas ça. Les jeunes ont toujours le téléphone dans les mains, certes, mais ce n'est pas pour remplir les papiers ou pour prendre des rendez-vous. C'est juste pour les réseaux sociaux en grande partie. Je vais tous vous enregistrer sur Doctolib, vous, votre maman, ainsi que votre mari. Ce sera plus pratique pour les prochaines fois. Et à la longue, ça se passera très bien. Il faut juste s'entraîner un peu, vous prendrez de l'assurance. Je me souviens moi-même combien de fois j'ai stressé, je me suis énervée, et ai pleuré de rage contre tout ce système, et maintenant c'est moi qui vous donne des cours ! D'ailleurs, en parlant de cours, avez-vous appelé la mairie pour obtenir de l'aide en ce qui concerne les documents administratifs ?

– Oui, j'ai demandé à l'accueil de la mairie. Je pense qu'elle ne m'a pas bien comprise puisqu'elle m'a dirigée vers la maison des associations que j'ai appelée, mais ils ont été incapables de me répondre. La personne était plutôt énervée et ne comprenait pas ma question. Du coup, j'ai laissé tomber. Puis au numéro vert de l'agence de lutte contre l'illettrisme, on m'a dit qu'il n'y avait pas encore de services à proximité de chez moi pour ce genre d'aide.

Tout en dégustant mon thé, je me dis que ce n'est pas étonnant. Avec la pandémie, beaucoup d'associations sont fermées au public, et avec le télétravail mis en place, il est très difficile de trouver de l'aide.

– Il faut que je file, pour ma tournée nocturne.

– Encore mille mercis, tu es notre sauveuse, dépêche-toi, ne fait pas attendre les autres.

– Il ne faut pas exagérer, madame Framboise, c'est juste un petit service.

Je me dis qu'il y a beaucoup de personnes dans cette situation de non-connaissance du Web. Elles ne sont pas forcément âgées, il suffit qu'elles n'aient jamais eu besoin d'un ordinateur ou de se connecter à Internet. De plus, ça évolue tellement vite. Comment faire pour suivre toute cette évolution ? J'ai lu sur Internet qu'il y a quand même treize millions de personnes en difficulté avec le numérique en France. Plus de la moitié des personnes ayant des difficultés avec la lecture, le calcul ou l'écriture ressentent un frein à la connexion et à l'utilisation des outils numériques au quotidien et vingt-huit pour cent des non-diplômés ont renoncé à accomplir des démarches en ligne[1].

Cinq kilomètres plus loin, j'arrive dans un petit village, devant un ancien corps de ferme. Petite boîte à clé sur la gauche. Je tape le code puis prends la clé pour rentrer.

– Bonjour monsieur Jean, comment allez-vous ce soir ?

– Ça va bien, et toi ma vedette, je t'attendais. Tu ne m'as pas dit que tu étais dans le journal cette semaine.

– Ah ah ! Non, je ne vous l'ai pas dit.

– Ce matin, mon fils me dépose les journaux. Sur qui je tombe ? Aline qui fait des dédicaces de son livre à Mantes-la-Jolie !

– Et oui, j'ai fait ça la semaine dernière pendant la coupure de l'après-midi. C'était super. J'avais vraiment peur, mais ça s'est très bien passé.

Ce matin-là, pas mal de personnes s'étaient déplacées, dont des anciennes connaissances. Avec

1. Source : Atlas de l'illettrisme 2022.

Fanfan, une copine d'école, nous avons parlé de notre enfance et de M. Beau, le gentil instituteur. Il y avait aussi un chef d'entreprise du bâtiment, venu tout particulièrement me voir pour me demander des renseignements pour ses ouvriers en difficulté avec la lecture et l'écriture. Comment faire ? Quelles associations contacter ? J'avais des petites plaquettes que Lancôme avait élaborées où tout était noté. Je me suis fait un grand plaisir de le lui expliquer. Mon livre, je l'ai écrit pour aider les autres personnes. Ainsi, il est reparti heureux avec tous ces précieux renseignements.

– C'est quoi la prochaine étape ? me demande M. Jean.

– L'émission *On est presque en direct*. Vous la connaissez ?

– Oui, bien sûr, elle commence tard le soir vers vingt-trois heures, moi, je dors déjà. Comment as-tu fait pour aller chez Ruquier ?

– Je n'ai rien fait du tout ! C'est ma maison d'édition qui a fait parvenir mon livre à plusieurs journalistes ! Et voilà, le tour est joué.

– Allez, raconte-moi.

– Alors, tout d'abord, j'étais invitée dans l'émission de radio de Ruquier *Les Grosses Têtes*. Vous connaissez bien. J'étais « l'invité » par téléphone.

C'était vraiment bien, son équipe et lui ont été très sympas et respectueux. On sait bien que *Les Grosses Têtes* aiment rigoler de tout, mais ils ont montré une grande compréhension du problème que je dénonce. Ils ont été super. Pour l'émission de télé *On est presque en direct* j'avais une vraie loge à mon nom pour déguster un thé ou un café à ma disposition. J'étais hyper stressée et super concentrée. À cause de la Covid, on devait porter le masque. Ça casse un peu l'ambiance. Et dans les coulisses, je me suis retrouvée à deux pas de Kendji, le chanteur !

Arrivée sur le plateau, entourée d'acteurs bien connus, la petite voix dans ma tête me disait : *Toi, fille de paysan, tu es là, assise dans un fauteuil chez Laurent Ruquier !* Un rêve que je n'aurais jamais osé avoir. Je réponds aux questions de Laurent le plus naturellement possible. Je peux dire à tous les téléspectateurs qu'il faut laisser tomber le tabou de l'illettrisme, c'est juste un handicap que l'on peut combattre. L'illettrisme, cette prison intellectuelle. Le fait de retourner à l'école donne la possibilité de reprendre sa vie en main et de voir enfin le bout du tunnel. Grâce à mon livre et à mon expérience de formation, j'ouvre une porte pour vivre en autonomie.

– Et oui, monsieur, c'est carrément incroyable. Le matin, je vous fais la toilette et le soir, je suis sur un plateau télé. Et entre deux, je reçois plein de messages *via* Facebook. Je vais vous en lire quelques-uns :

« Bravo pour votre parcours, mais surtout d'oser le dire. Je suis dyslexique, je fais de la dysorthographie et de la dyscalculie... Bref, la totale. À l'époque, c'était quelque chose de compliqué, fatigant et bien sûr, on est considéré comme pas "intelligent", on est relégué en fond de classe... Les instituteurs sont perdus et pas à l'écoute, mais surtout ne sont pas formés et parfois ne cherchent pas à l'être... En plus, j'écris de la main gauche et bien sûr ma main passe sur ce que j'écris. Résultat : une feuille sale en permanence car une écriture à l'encre, c'est fatal... Je vous passe les humiliations et les punitions. Mais, j'ai eu la chance d'avoir une maman derrière moi qui, elle, est très intelligente dans tous les sens du terme, ainsi qu'un premier instituteur qui a essayé malgré tout de me comprendre, ce qui n'a pas toujours été simple, mais il essayait. Après cinq ans de travail acharné, je lis parfaitement, mais j'écris toujours en faisant des fautes, sans compter les inversions de lettres et, en sortant du primaire, j'arrivais à compter juste ce qu'il faut. Le collège a été une catastrophe et j'ai fini en école privée d'esthétique

que mes parents ont payée. Aujourd'hui, je suis responsable d'un magasin d'esthétique et formatrice en esthétique. »

– Tu en as combien comme ça ? me demande M. Jean.

– Vraiment beaucoup, mais je ne vais pas tous vous les lire. Celui-ci, je l'aime bien, je vous la fais courte :

« Bonjour, je m'appelle Mireille, j'ai moi-même de gros problèmes avec la lecture et l'écriture. De plus, je suis maman et j'ai un enfant de onze ans dyslexique. J'ai réussi à lui trouver un orthophoniste en CM1. Mais, auparavant, il a eu le temps de se dévaloriser, de perdre son courage et sa volonté. Son arrivée en sixième est une véritable catastrophe… bien qu'il soit dans une classe où on lui accorde plus de temps pour l'écriture. J'espère qu'il finira sa scolarité avec au moins un CAP pour qu'il puisse travailler et faire un métier qui lui plaise. »

– J'essaie de répondre à tout le monde, mais je suis sûre que j'en oublie. Les réseaux sociaux, c'est toujours pas mon truc. Mais j'essaie. Cette fois, monsieur Jean, il faut que je me dépêche. Je suis très attendue par toutes les mamies. Il ne faut pas que je rentre tard, car demain j'ai un programme assez chargé. Comme je suis l'ambassadrice du programme « Write Your Future – Écrire votre avenir » chez Lancôme, je suis invitée pour une séance de photos avec ma plus belle robe. Cette photo restera auprès de celle d'Isabella Rossellini dans leur boutique des Champs-Élysées pendant un an. Nous sommes toutes deux représentantes des femmes pour cette cause. C'est incroyable n'est-ce pas, monsieur Jean ? Allez ! Très bonne soirée, on se revoit vendredi.

D'un pas très alerte, je me dirige vers ma voiture. Je dois encore me rendre chez deux dames pour le repas du soir et le coucher. Arrivée chez moi à vingt heures trente, Patrice a mis la table, je n'ai plus qu'à me doucher, manger et me détendre. Demain, séance photo en tant qu'ambassadrice pour le programme « Write Your Future – Écrire votre avenir » chez Lancôme. Qui l'aurait cru ?

Chapitre 5

Nouvelle vie, nouveau lieu de vie

Le lendemain, ma petite valise rouge à la main, j'embrasse Patrice et je m'engouffre dans le taxi. Trois quarts d'heure suffisent pour rejoindre l'équipe Lancôme. Elles sont adorables et me reçoivent telle une princesse, avec beaucoup de gentillesse et de douceur. Vraiment pour moi, c'est un autre monde.

Après le coiffeur, je suis prête pour les essayages de robes. Évidemment, je commence par celle que j'aime le moins. Nous nous mettons d'accord sur la petite robe noire que Patrice m'a offerte pour Noël. Elle est parfaite, elle marie la sobriété et la féminité. Tel un mannequin, je me fais maquiller pour ensuite passer à la séance photo.

De là où je viens, de combien étaient les probabilités de faire un shooting dans les locaux de Lancôme ?

Cette charmante journée s'achève. Lorsque le confinement sera fini et que les boutiques réouvriront leurs portes, j'irai me promener sur les Champs-Élysées et je rentrerai dans la boutique Lancôme pour admirer le coin réservé au combat contre l'illettrisme chez les femmes dans le monde. Les portraits de deux femmes y seront affichés, celui d'Isabella Rossellini et le mien. Quelle chance !

Quelques jours plus tard, un petit mail de la part de Sandra, responsable de l'Agence nationale contre l'illettrisme en Normandie, me demande de participer, dans sa région, aux Journées nationales de lutte contre l'illettrisme qui auront lieu du 6 au 12 septembre 2021. Pôle emploi Normandie s'associe à eux pour la cinquième année consécutive. Sur le territoire normand, soixante-dix actions sont entreprises pendant cette période. Je l'appelle. Et voilà, les rendez-vous sont pris pour le mois de septembre. Nous ne sommes qu'au mois de février…

On commence vraiment à ressentir une certaine libération par rapport à la Covid : les rendez-vous en présentiel se prennent de plus en plus, tout doucement, mais la vie reprend.

Il y a déjà un moment que les travaux de notre futur appartement dans le Sud ont repris. La remise des clés est prévue pour juillet 2021. Tout l'administratif concernant l'appartement – les plans, les appels de fonds… –, tout se fait *via* l'ordinateur. Pour moi, c'est bien compliqué. J'ai un peu de mal quelquefois à m'y retrouver. Il ne s'agit pas seulement d'envoyer des mails. Il s'agit aussi de ranger par dossiers les différents documents. Et pour cela, je suis vraiment nulle. Mais en attendant, il n'y a pas d'autres solutions que d'y arriver. Alors… je m'obstine, ça, j'ai l'habitude.

D'ailleurs, il faudra que j'annonce bientôt mon départ à la société pour laquelle je travaille en tant qu'aide à domicile.

Pour la journée de la Femme, le 8 mars, Lancôme souhaiterait que j'écrive une lettre pour une des petites filles « Future femme de demain » qui sera née ce jour-là. Cette fois, c'est Barbara de l'agence Proches qui m'aide. Elle me demande de lui faire un premier jet sur le thème : « Comment donner les clés à une petite fille pour qu'elle devienne une femme indépendante et forte ». Je dois l'écrire à la main. Cette lettre manuscrite sera remise à une petite fille née le 8 mars 2021. Bien sûr, les idées ne manquent pas. Pour cette occasion, ils me demandent aussi de me filmer avec mon portable, tout en lisant la lettre à haute voix. Mais là, toute seule à la maison, ce n'est pas évident. J'essaie, en vain. Je m'énerve, je suis nulle à ce jeu. Je préfère monter à Paris pour que l'équipe Lancôme me consacre un temps afin de bien faire les choses. Là-bas, en seulement deux prises, la vidéo est réalisée. Je m'applique à lire cette lettre que j'ai soigneusement rédigée :

Chère femme de demain,

Je m'appelle Aline Le Guluche, je suis ambassadrice du programme « Write Your Future » (traduction : Écrire votre avenir) de Lancôme et l'Agence nationale de lutte contre l'illettrisme, et auteure d'un livre édité par les Éditions Prisma dans lequel je raconte mon histoire.

Aujourd'hui, nous sommes le 8 mars 2021. En plus d'être le jour de ta naissance, cette journée est capitale pour la cause des femmes dans le monde entier. Grâce à cela, toute ta vie, tu porteras avec fierté le combat qu'ont mené beaucoup de femmes pendant des générations entières pour qu'aujourd'hui tu puisses être plus libre qu'elles.

Dans quelques années, tu entreras à l'école. Là-bas, tu vas poser les premières briques qui feront de toi une femme libre, indépendante, et te donneront la force de revendiquer tes droits. Comme moi, tu rencontreras peut-être des personnes malveillantes. Comme moi, tu auras peut-être des difficultés avec les lettres, les chiffres ou les mots.

Ne les laisse jamais te décourager et surprends-les par ta ténacité.

Alors que tu pointes le bout de ton nez dans ce monde parfois bien compliqué, je souhaite, plus que tout, que la fée des mots se penche sur ton berceau. Elle était absente à ma naissance et son manque m'a causé bien des maux.

Tu l'auras compris, pendant une grande partie de ma vie, j'ai été illettrée. À 50 ans, je suis retournée à l'école où j'ai appris à lire et à écrire. Aujourd'hui, je n'ai plus honte et je suis fière de mon savoir. Grâce à ma persévérance, j'ai brisé les barreaux qui m'empêchaient d'être la femme autonome que je voulais être.

Depuis, je me bats pour que toutes les femmes puissent avoir les moyens d'accéder au monde, d'assumer leur force et de se revendiquer égales aux hommes. Beaucoup d'entre elles sont encore sous emprise et auront besoin de modèles comme toi pour garder espoir et avoir le courage de se battre. À la femme puissante que je te souhaite d'être, chaque jour que tu passes à apprendre, souviens-toi : lire et écrire sont les premières clés de la liberté. Je mets tout mon espoir en toi.

Aline Le Guluche

Pour moi, c'est une grosse gymnastique de lire à haute voix devant plusieurs personnes. Mais c'est pour une bonne cause. Alors je me dépasse. La vidéo est très belle. L'équipe me dit qu'ils en ont des frissons en l'écoutant.

Ces derniers mois, la construction de notre appartement dans le Sud va bon train. La remise des clés est toujours prévue pour le mois de juillet. Nous sommes début avril. Il va falloir que j'annonce mon désir de faire une rupture conventionnelle à mon entreprise d'aide à domicile. Le jour de mon embauche, je les avais prévenus que je prenais ce travail en attendant mon déménagement. Je ne peux plus attendre. Demain, je passe au bureau pour en reparler avec mes responsables.

Le lendemain, je profite de ma coupure du déjeuner pour leur annoncer la nouvelle. Ils n'ont pas l'air surpris, puisque dès le début nous nous étions mis d'accord. Ils me disent qu'ils sont justes déçus de perdre un membre de l'équipe.

– Tu nous envoies un courrier concernant ta demande de rupture conventionnelle. Nous allons mettre cela en place très rapidement. Par contre, on te laisse l'annoncer aux personnes chez qui tu te rends.

Arrivée à la maison, je regarde sur Internet comment faire pour écrire une lettre de rupture conventionnelle. Plusieurs propositions défilent. J'ouvre le logiciel « Word » pour rédiger ma lettre tout en m'inspirant des résultats trouvés sur le Web. Cela me prend beaucoup de temps, mais je trouve le vocabulaire et l'orthographe nécessaires pour que cette lettre soit parfaite. Il n'y a plus qu'à leur déposer ma lettre le lendemain matin avant mes premières visites.

Pour la vente de la maison de Patrice que nous habitons encore quelque temps, cinq visites ont suffi pour qu'il trouve un acquéreur. L'organisation pour le déménagement commence très sérieusement. Les cartons s'entassent. Le camion de déménagement est réservé.

Très vite, le mois de juillet pointe son nez. Il est largement temps que j'annonce mon départ à toutes les personnes dont j'ai la charge. C'est très difficile pour moi de leur annoncer car je les connais bien maintenant. Je leur présente ma remplaçante, mais pour eux, recréer un lien de confiance avec une nouvelle personne chamboule leur univers. Les personnes âgées s'attachent beaucoup affectivement.

Pour mon dernier jour, j'ai droit à des chocolats, mais aussi à des larmes et des angoisses. Je pense que je n'oublierai jamais cette très belle expérience même si le métier est difficile, car on s'attache aux personnes âgées, elles font partie de notre quotidien et elles resteront au fond de mon cœur.

Une dernière fête de famille et avec des amis est organisée dans cette grande maison que nous allons quitter pour rejoindre notre appartement dans le sud de la France. Plus moyen de faire machine arrière.

Faire les cartons, c'est facile. Déménager aussi, mais pour toutes les démarches administratives qui vont de pair avec le déménagement, c'est une autre histoire pour moi. Je me rends à la poste pour programmer mon changement d'adresse. La personne en face de moi me dit que le service est en panne et que je dois le faire *via* mon ordinateur. Je refuse : la poste fait partie des services essentiels pour le citoyen. En plus, mon ordinateur est dans les cartons. L'employée de la poste n'est pas aimable, voire plutôt agressive. Je suppose qu'elle est agacée par le fait que cette nouvelle technologie tombe en panne régulièrement. Je lui dis que ce n'est pas grave, je le ferai à la poste de ma nouvelle ville. Ce qui fut le cas, en deux minutes, avec une personne aimable et souriante du bureau de poste là-bas.

Nous voici arrivés dans notre nouvelle demeure. Heureusement que mon fils nous a rejoints avec femme et enfants pour nous aider à nous installer car même si je me débrouille avec mon ordinateur, je ne suis pas du tout technicienne. Comment installer Internet ? Comment connecter la télévision, l'imprimante, le téléphone ? Pour moi, c'est un véritable casse-tête. Grâce à mon fils et à ma belle-fille, l'appartement est enfin connecté. Mais ils ne restent pas longtemps, il va falloir que je me débrouille pour le reste, à commencer par l'inscription à Pôle emploi dans ma nouvelle région. Je n'ai jamais eu à m'y inscrire auparavant.

Tout quitter pour vivre dans le sud de la France, cela me paraissait une excellente idée, mais cela n'a rien à voir avec trois semaines de vacances.

D'abord, il faut s'adapter à la région. Je ne sais même pas où se trouve l'agence de Pôle emploi. Grâce à mes recherches sur le Web, je finis par trouver que mon agence de référence n'est qu'à cinq kilomètres de mon domicile. Mais même si les restrictions sanitaires commencent à tomber, il n'est pas facile de rencontrer une personne en chair et en os. Nous sommes au mois d'août et beaucoup de monde est en vacances. Après beaucoup de persévérance, je finis par avoir une personne au téléphone. Elle me suggère tout naturellement d'envoyer mon dossier par courrier, ce que je fais sur-le-champ, en lettre recommandée. Suivent quelques rendez-vous téléphoniques et les choses rentrent dans l'ordre. Je réussis à installer l'application « Pôle emploi » sur mon téléphone portable. Cela n'est pas confortable pour moi car l'écran est petit. Mais cette période de chômage sera éphémère car, dans quelques mois, je serai à la retraite.

Cela fait, il y a tellement d'autres choses à régler : les changements d'adresse pour la sécurité sociale, les impôts, la caisse de retraite de mon compagnon… Les sites internet sont tous différents. Quel casse-tête ! Sans compter le fait que mon ordinateur qui date de 2013 commence à tomber en panne. Mon fils m'avait prévenue. Cet ordi ramait de plus en plus et il allait falloir prendre une décision. Mais un ordinateur, ça coûte très cher, je n'en ai pas les moyens pour le moment. Il y a d'autres priorités. Et aujourd'hui, c'est devenu incontournable, indispensable.

En attendant, Jacqueline, des Éditions Prisma, m'appelle pour me proposer une invitation le 29 août 2021 : « La Forêt des livres » fête ses vingt-cinq ans. La journée s'intitule « Les écrivains chez Gonzague Saint Bris ». Nous avons rendez-vous dans une gare à Paris, où des wagons privés attendent nos chers amis écrivains invités pour l'occasion. Je serai dans le même wagon que les plus grandes plumes parisiennes. Le train démarre direction la Touraine où habitait Gonzague Saint Bris. À l'ombre des grands arbres, au sein de sa demeure, sont installés les stands. Malgré les restrictions sanitaires, près de vingt mille personnes assistent à l'événement littéraire durant lequel les œuvres de très nombreux auteurs sont installées pour la vente et les dédicaces.

Jean-Christophe, le chargé de mission de l'Agence nationale de lutte contre l'illettrisme du centre Loire est à mes côtés pour tenir le stand de L'ANLCI. Bien modestement, j'y dépose mon seul et unique livre, *J'ai appris à lire à 50 ans*.

Non loin de là, une scène est installée. Tout au long de la journée, des auteurs lisent à voix haute des extraits de livres et des acteurs mettent en scène d'autres extraits. On nous invite à prendre la parole sur l'illettrisme. Jean-Christophe et moi formons un duo pour parler de ce fléau. La littérature, la connaissance, la transmission, le savoir… quelle richesse ! Tout vient des mots. Mais si nous avons le mal des mots, rien n'est accessible et la misère intellectuelle s'installe. Un drame pour la littérature. C'est ainsi que, par cette délicieuse rencontre d'été, lorsque le soleil traverse les feuillages, la littérature et l'illettrisme se sont mariés pour une journée.

Sans aucun complexe, j'ai pu raconter mon parcours et mes lacunes toujours présentes. Mais avec cette folle envie de transmettre. Avec de simples mots, nous pouvons toujours progresser, nous améliorer, mais attention, il ne faut jamais baisser les bras.

Des rencontres, plus belles les unes que les autres, ont jonché la journée. J'ai vraiment marché dans la cour des plus grands. Je peux prendre le train et retourner chez moi dans le Sud. Car septembre, c'est demain. Et j'ai plusieurs rendez-vous pour la semaine de l'illettrisme, à partir du 8. Cela me tient vraiment à cœur d'honorer un maximum de rendez-vous.

Par contre, j'ai besoin de faire imprimer mes billets, car les avoir juste sur mon téléphone me stresse. J'aime le format papier.

Mon premier rendez-vous se passera en Normandie, à Rouen pour une journée d'information organisée par Pôle emploi. J'y suis invitée en tant que marraine des Journées nationales de lutte contre l'illettrisme pour Pôle emploi Normandie.

J'ai tellement hâte de participer « en chair et en os » à ces événements si importants. Avec Sylvie, une des responsables de Pôle emploi Normandie, nous avons préparé mon intervention par de multiples séances téléphoniques. Le public est composé en grande partie de personnes qui travaillent à Pôle emploi. Comment les sensibiliser aux problèmes de l'illettrisme ? Là est ma tâche. Tout en leur racontant mon parcours, je leur explique les stratagèmes qu'invente une personne illettrée ainsi que ses comportements très étudiés pour cacher son handicap. Une chose importante à savoir : parfois, ces personnes illettrées sont accompagnées par un(e) conjoint(e) qui n'a pas toujours intérêt à ce qu'elles évoluent. Les arguments de ce (cette) dernier(ère) sont : « C'est trop tard pour apprendre à lire », ou « c'est trop tard pour retourner à l'école », ou « De toute façon, tu n'y arriveras pas et puis de toute façon, tu n'en as pas besoin, je suis là ». Ces accompagnants peuvent être un frein à l'évolution, à la libération et à l'émancipation des personnes illettrées qui cherchent un emploi. De plus, le personnel de Pôle emploi se doit d'être doux et compréhensif pour ne pas braquer, mais plutôt mettre en confiance les personnes en difficulté. Durant cette journée, les échanges avec le public sont très intéressants. Les personnes qui n'ont pas vécu l'illettrisme ont bien du mal à se mettre dans la situation des personnes en difficulté. Comme je le dis souvent, l'illettrisme n'a pas de visage ni de couleur, c'est un handicap invisible. Il est pourtant tellement important de repérer les demandeurs d'emploi illettrés pour pouvoir leur proposer de suivre une formation de compétences de base et afin de leur permettre d'évoluer par la suite sur une formation plus professionnelle comme un CAP et plus encore.

Car sans lire ni écrire, on est amené à exercer un travail qui ne demande que des compétences physiques. Or, ces années de travail physique usent le corps qui cède forcément et les arrêts maladie s'enchaînent. Cela n'est bon pour personne, ni pour l'employeur ni pour l'ouvrier. Cette évolution professionnelle doit être dans l'esprit de toute formation.

Dans mon cas, combien de fois m'a-t-on demandé : « Pourquoi tu ne passes pas un CAP de pâtisserie ? » ou « Pourquoi tu ne fais pas l'école d'aide-soignante ? ». Ma réponse variait entre : « Non, cela ne m'intéresse pas » (j'adorais la pâtisserie, mais j'avais trop peur de ne pas être capable de lire les cours ou de ne pas pouvoir prendre des notes) ou « Je n'aime pas ce métier ». Ce qui est faux, j'aurais bien aimé être aide-soignante…

La journée est riche en rencontres avec des volontaires qui désirent améliorer les conditions professionnelles de ceux qui en ont besoin.

Dans l'après-midi, un homme devait témoigner sur l'illectronisme, un fléau aujourd'hui aussi important que l'illettrisme à mon sens. Mais au dernier moment, il avoue ne pas pouvoir prendre la parole pour raconter ses mauvaises expériences en public. Il ne trouvait pas les mots, c'était trop difficile. Je suis bien placée pour comprendre. Cela me fait de la peine, car il désirait vraiment témoigner du problème. Aujourd'hui, cinquante pour cent des personnes qui rencontrent des problèmes avec la lecture, le calcul et l'écriture rencontrent de graves difficultés avec le numérique[1].

Il est temps de remercier Sylvie pour son invitation. Je peux repartir direction Lyon où le directeur de l'Agence nationale de lutte contre l'illettrisme, M. Fernandez, m'attend pour une conférence. C'est une rencontre plutôt inattendue, mais très intéressante : nous allons rencontrer de futurs inspecteurs du travail. Leur rôle : faire respecter les droits des travailleurs. Pour une personne comme moi, cela est très intéressant. En effet, il y a tant de droits bafoués lorsque les personnes sont en situation d'illettrisme : le contrat de travail et les mesures de

1. Source : Atlas de l'illettrisme 2022.

sécurité sont impossibles à lire, la fiche de paie, difficile à comprendre…

M. Fernandez annonce les chiffres de l'illettrisme, puis il me donne la parole pour que je puisse leur raconter mon parcours. Dans le monde professionnel, avoir ce handicap, c'est comme marcher à l'aveugle. Nous sommes obligés de faire confiance, et sommes incapables de négocier un contrat.

Une règle d'or que suivent les personnes illettrées qui ne veulent pas que les autres devinent qu'elles ne savent ni lire ni écrire : ne jamais avoir de stylo ou alors prétexter d'avoir une vilaine écriture. S'il y a quelque chose à lire, faire semblant de lire et de comprendre. Refuser d'aller en formation.

J'essaie de les plonger dans ce monde incroyable de l'illettrisme, de leur faire imaginer le nombre de stratagèmes qu'une personne illettrée peut mettre en place tout au long d'une journée ou tout au long de sa vie si elle reste illettrée.

– Dans vos missions, vous rencontrerez sûrement des personnes qui font face à des problèmes de lecture ou d'écriture dans leur environnement professionnel. Si elles vous en parlent, vous allez leur répondre de rédiger un courrier. Vous leur donnerez la marche à suivre et même les adresses. Mais sachez bien qu'une personne illettrée contournera votre proposition pour éviter d'avouer qu'elle n'a pas les compétences pour rédiger ce courrier.

Je leur raconte l'histoire de M. Gilles : M. Gilles a toujours travaillé dans le bâtiment, il a commencé à l'âge de quatorze ans en tant qu'apprenti. À l'âge de cinquante-cinq ans, il prend rendez-vous par téléphone à la caisse de retraite, pour être sûr qu'il pouvait prendre sa retraite à soixante ans. La personne lui signale qu'il n'a pas validé tous les trimestres car il a travaillé pendant cinq ans à mi-temps.

« Non, cela n'est pas possible, j'ai toujours travaillé à plein temps ! lui signale M. Gilles.

– Pourtant, à partir de 1980, vous n'étiez qu'à cinquante pour cent chez l'entreprise X.

– Mais la somme en bas de la fiche de paie est normale et correspond à un plein-temps !

– Oui, monsieur, mais ce n'est pas la somme qui compte. »

En fait, ce monsieur avait bien signé un contrat à mi-temps. L'entreprise lui donnait des primes pour que son salaire net soit correct. Il a donc cotisé cinq ans à mi-temps au lieu du plein-temps. Mais il avait signé un contrat, donc aucun recours. C'est bien pour cela que le droit à la formation est très important, et pas seulement pour les personnes déjà qualifiées dans un métier en particulier. Remettre les personnes en difficulté sur le chemin des compétences essentielles pour la vie quotidienne que sont la lecture et l'écriture est mon combat. Lorsque je travaillais à l'hôpital, par exemple, des formations en tout genre étaient proposées (sur l'hygiène, sur le stress, sur les soins d'urgences, sur la posture, sur l'alimentation...) mais pas une seule sur les compétences de base.

Déjà, les gens savent-ils que la formation « compétences de base » signifie revoir leurs bases en lecture, écriture et calcul ?

Je remercie chaleureusement mon public avant de retourner à l'hôtel.

La semaine est chargée. Je pars demain pour Carentan, toujours en Normandie, puis à Roubaix pour une conférence organisée par les étudiants de la faculté.

Leur but : mettre un coup de projecteur sur l'illettrisme car de nombreuses personnes sont en difficulté dans leur entourage. Avoir dix-huit ans et être engagé pour une telle cause, cela me touche.

Que les journées passent vite lorsqu'on parle de choses qui nous tiennent à cœur !

Le lendemain, je suis attendue non loin de là, à l'abbaye de Vaucelles, sur l'invitation du département du Nord où une dizaine d'exposants organisent de nombreuses actions. Livres, jeux, films et témoignages, dont le mien ! Je suis évidemment très honorée de faire partie de ces acteurs et de pouvoir prendre la parole au sein d'un tel lieu.

Les Hauts-de-France sont particulièrement touchés par l'illettrisme.

J'achève mon témoignage en précisant que pendant cette semaine de l'illettrisme, le premier atlas de l'illettrisme en France est sorti. J'en suis fière car j'ai activement participé à sa conception, invitée par l'ANLCI. Cet atlas a pour titre : *Le visage de l'illettrisme en France*[1]. Il recense tous les chiffres sur l'illettrisme par régions, genres, tranches d'âge, professions, sans oublier ce nouveau fléau : l'illectronisme. Un maximum de données qui seront mises à jour tous les ans.

Les journées de l'illettrisme s'achèvent, c'est le moment de poser les valises.

Il faut impérativement que je m'occupe de mes problèmes informatiques à la maison.

1. Édité par l'ANLCI.

Chapitre 6

Une nouvelle formation… en informatique

Pour aider le particulier à faire ses démarches administratives sur Internet, une maison, « France services[1] », devait ouvrir fin novembre 2021 juste à côté de mon ancienne demeure dans les Yvelines. Ayant déménagé, je me renseigne à la mairie de mon nouveau village dans le sud de la France pour savoir si un tel endroit existe dans la région. Réponse négative. Quel dommage ! En compensation, on me propose de voir une assistante sociale. Le jour du rendez-vous, je réalise qu'elle ne peut rien pour moi. Elle sait à peine rentrer le mot de passe pour entrer sur mon compte à la CNAV… D'ailleurs, au départ, ce n'est pas dans les compétences de son métier.

1. Établissement mis en place par l'État pour une aide aux particuliers concernant l'administratif *via* l'informatique.

Il me faut un endroit où je puisse travailler sur un ordinateur et une personne à côté de moi pour bien me diriger dans les tâches administratives sur Internet. Mais je ne veux pas que quelqu'un fasse les choses pour moi. Je veux continuer à m'améliorer en informatique et comprendre comment naviguer sur tous ces sites.

De plus, mon ordinateur rame un maximum… Il faudrait que je trouve quelqu'un qu'il faudra payer pour le réparer. J'ai beau demander autour de moi, à la mairie, on ne connaît personne qui puisse faire l'affaire.

J'ai aussi besoin d'une formation pour améliorer mes compétences en informatique.

J'imagine et je sais que je ne suis pas la seule…

Ma fille me suggère d'utiliser mon compte formation. Il est vrai que nous sommes toujours harcelés par téléphone pour utiliser ce compte et accepter une formation.

À plus de mille kilomètres de distance, elle se renseigne et finit par me trouver une formation, pas très loin de mon domicile. Grâce à elle, je vais devenir autonome car c'est vraiment infernal de rester bloquée ainsi pour de simples démarches administratives comme le changement d'adresse, se connecter sur son compte de sécurité sociale, ou celui de caisse de retraite.

Je me dis que je devrais en même temps trouver une personne pour réparer mon ordinateur…

Après un premier entretien pour évaluer mon niveau, la formation commence avec toutes ses promesses. Une semaine avant, j'étais déjà prête. Ils nous avaient demandé d'apporter un cahier et un stylo. La formation se déroule dans un collège.

Un grand sac fourre-tout me fait office de cartable. À l'intérieur, deux cahiers et une trousse bien fournie. Une parfaite étudiante.

Bien qu'enthousiaste, je n'en mène pas large à presque soixante ans.

Pour le premier jour, Patrice m'accompagne jusqu'à la porte du collège. Il est sept heures quarante-cinq. Il y a déjà huit ans, j'étais à Paris pour ma formation « Les compétences clés ».

– Allez, me dit Patrice, tu en as vu d'autres. Il est l'heure.

Un petit bisou pour que la journée se passe bien.

Au loin, je reconnais M. Dupont, le formateur qui m'a reçue la première fois. Grand, mince, cheveux gris… pourtant pas aussi vieux qu'il en a l'air.

Un groupe d'une dizaine d'adultes s'agglutine autour de lui. Des personnes de tous âges. Moi qui pensais être la doyenne… eh bien, non ! J'en aperçois deux ou trois dans la même tranche d'âge que moi.

Nous nous dirigeons vers notre classe. D'une main ferme, il ouvre la porte. J'aperçois tous ces ordinateurs bien rangés sur des tables qui longent les murs. Ils font plaisir à regarder. Je suis très heureuse de suivre cette formation en informatique.

Mais les angoisses du passé finissent par remonter à la surface. Je ne suis pas encore rentrée dans la pièce que mes guiboles tremblent comme des feuilles. *Allez ! Respire, tu en as vu d'autres. Ça ne peut pas être plus difficile que d'aller chez Ruquier ou de prendre la parole dans un amphithéâtre devant une assemblée de personnes !* Je finis par faire descendre la pression.

– Prenez place, messieurs et mesdames, où vous voulez.

Je choisis d'être face à la fenêtre. À côté de moi s'installe une femme d'un âge avancé, plutôt jolie et coquette.

Le formateur prend la parole.

– Je m'appelle Didier Dupont. Nous sommes ensemble pour quatre semaines de huit heures à seize heures trente.

Dans ma tête, je me dis : *Une vraie journée d'étudiant.*

Trois autres formateurs se succéderont sur différents ateliers. Il nous informe du règlement interne du collège, de la cantine, etc.

Puis, nous nous présentons. Un tour de classe commence. L'échelle d'âge est très flexible, de trente à soixante et un ans. Nous sommes quatorze participants.

Le monsieur de soixante et un ans, cheveux mi-longs bouclés, dégarni, lunettes à double foyer avec un sourire édenté, nous signale qu'il redouble. Tous les participants éclatent de rire. Redoubler à soixante et un ans, ce n'est pas courant.

– Ne rigolez pas, je suis venu l'an dernier. Mais comme je n'ai pas d'ordinateur, je n'ai rien retenu. Maintenant, ma copine en a un. Nous allons « réviser » ensemble à la maison. Ensuite, je vais regarder pour m'en acheter un. Difficile de faire autrement aujourd'hui.

Je comprendrai par la suite combien il est important de s'entraîner sur un ordinateur au sortir d'une formation en informatique. Sinon, tout ce que l'on a pu apprendre disparaît dans les limbes de notre mémoire…

Le tour de classe continue. Une femme, aide à domicile, veut monter son autoentreprise. Un bel homme de quarante ans, lui aussi, veut améliorer ses compétences pour ouvrir son affaire. Puis une secrétaire, qui tout en ayant déjà des compétences, veut les améliorer pour une nouvelle aventure professionnelle. Ça part dans tous les sens. Du débutant à la personne déjà qualifiée.

Par expérience, je pensais déjà que cela allait être compliqué. En effet, les niveaux sont tellement différents que je sais que certains vont s'ennuyer alors que d'autres vont ramer.

La première matinée n'est que présentations, bavardages, explications de la mise en route d'un ordinateur. Évident pour la secrétaire, mais indispensable pour quelqu'un qui n'a jamais eu besoin d'un ordinateur. Le formateur nous explique ensuite ce qu'est un moteur de recherche et son fonctionnement. Tout le monde comprend cette première leçon… Sauf M. Bertrand, cinquante ans, un peu marginal. Il a bien du mal à comprendre. Il me semble que son corps est présent, mais son esprit est ailleurs. Lorsqu'il revient parmi nous, il pose des questions dignes d'un enfant de six ans. Il perturbe la classe. Tout le monde essaie de s'en accommoder. Pourtant, à maintes reprises, nous avons pu constater que cet homme est un grand lecteur. Le formateur lui demande souvent de se taire, de se calmer.

Les jours passent, je vois bien que les différences de niveaux de connaissances informatiques prennent le dessus. Ceux et celles qui ont déjà beaucoup de compétences finissent par s'ennuyer à cause des autres qui ont bien du mal à comprendre, ne serait-ce que par commencer à intégrer le nouveau vocabulaire de cet outil comme le « clavier » et la « souris ».

Ma voisine de table d'origine asiatique nous explique qu'elle est arrivée en France à l'âge de treize ans suite à la guerre du Cambodge. Elle a travaillé au début comme couturière, à Paris. Puis avec son mari, elle a ouvert un restaurant. Aujourd'hui, elle a soixante ans, parle français, mais ne sait pas le lire ni l'écrire. Ses enfants l'ont inscrite à cette formation pour qu'elle apprenne à se débrouiller en informatique. Je ne comprends pas pourquoi elle a été acceptée dans cette formation et pourquoi on ne l'a pas dirigée d'abord vers une formation pour apprendre à lire et à écrire le français.

Elle a bien du mal à saisir les mots du vocabulaire informatique et se sent bien seule. Le formateur lui réexplique :

– Il faut écrire votre demande dans le « moteur de recherche », puis tapez sur la touche « entrée ».

Tout va s'afficher sur votre écran. Puis avec le « clic » droit… Le cadenas pour les majuscules…

Un tourbillon d'informations. J'aide ma voisine asiatique en faisant les choses à sa place. Cela va trop vite pour elle. Elle est constamment en panique, déçue de ne pas comprendre, de ne pas y arriver.

L'écart de connaissances est bien trop grand. Cette classe aurait dû être divisée en deux parties : ceux qui n'avaient jamais touché un clavier, et ceux qui maîtrisaient un minimum le Web, savaient déjà envoyer des mails et travailler sur certains logiciels. Ceux-là se sentent frustrés. Pas à leur place, les autres paniquent.

De plus, les ordinateurs datent de Mathusalem… Une fois devant mon ordinateur personnel, je sais que je ne m'y retrouverai pas.

La formatrice pour le logiciel Word nous donne carrément un texte de deux pages à écrire. Je ne comprends pas trop ce que ça peut nous apporter. Quant à ma pauvre voisine, elle en reste les bras ballants.

Personnellement, je voulais juste renforcer mes compétences pour pouvoir être à l'aise avec tous les sites administratifs sur Internet.

M. Dupont, le formateur principal, a l'air plutôt sympa. Je lui dis qu'à la maison mon ordinateur est en panne, je ne peux plus m'en servir.

– Connaissez-vous quelqu'un qui pourrait venir à la maison pour me dépanner, moyennant finances ? Je suis nouvelle dans la région, je ne connais pas grand monde.

Il me promet qu'aussitôt la formation finie il viendra à la maison pour me dépanner. Après la formation, je l'appelle, je lui laisse des messages, croyez-le ou non, je l'attends toujours.

Au final, cette formation ne m'apporte pas grand-chose, je suis bien déçue. Je n'ai rien appris que je ne sache déjà. Et surtout, elle ne m'a pas aidée à avancer pour mes besoins administratifs sur Internet.

Pour les fêtes de fin d'année, nous remontons dans les Yvelines pour passer Noël avec les enfants. Je recontacte un dépanneur informatique, toujours en activité à deux pas de chez mon fils. J'avais déjà eu besoin de ses services. Le jour où je lui apporte mon ordinateur, plusieurs personnes attendent leur tour. Au bout d'un moment, je m'aperçois qu'elles ne sont pas là pour une réparation, mais pour autre chose. Il s'avère que le patron de la boutique a eu la géniale idée de mettre un ordinateur à la disposition des usagers qui visiblement n'en ont pas un chez eux, ou qui ne savent pas s'en servir pour aller sur les sites administratifs. Dans ce dernier cas, le patron prend le temps de leur expliquer comment faire, comment entrer les mots de passe, comment créer une adresse mail, etc. Le minimum de base dont on a besoin pour répondre aux demandes administratives sur Internet. Ici, une jeune femme, venue pour qu'il l'aide à remplir un document sur le site de la CAF, et en scanner un autre. Là, un monsieur qui doit aller sur le site des impôts pour payer une amende. Quelle belle et riche idée individuelle que ce patron de boutique a mise en place dans son petit magasin. Ça, c'est du service à la personne !

En ce qui concerne mon ordinateur, le diagnostic est rapide. Il me dit qu'il faut juste changer le disque dur. Cette réparation ne me coûtera que cent dix euros. Tandis qu'un ordinateur neuf…

Non seulement il me le répare, mais il prend aussi soin de transférer toutes mes données sur une clé USB pour ensuite les réinstaller à l'image de l'installation que j'avais auparavant. C'est un homme adorable et sa boutique vaut le détour.

S'il y avait un guide des bonnes boutiques, je lui mettrais quatre étoiles. Il me raconte que, tous les jours, il rencontre des personnes en difficulté avec tout ce qui touche à l'administration sur Internet. Et cela n'est pas une question d'âge, les jeunes n'en sont pas exempts. Pourtant, à dix kilomètres de là, une maison « France services » s'est ouverte. Ces endroits sont là pour justement régler ce genre de problème. Super… mais voilà, dix kilomètres, ce n'est pas la porte à côté… surtout si on n'a pas de voiture. Je pourrais discuter avec lui pendant des heures, tant il est intéressant.

Enfin, je suis bien heureuse de pouvoir reprendre mes activités avec mon ordinateur. Car j'ai soixante et un ans et il faut impérativement que je m'occupe de ma caisse de retraite. Déjà qu'il faut s'y prendre un an à l'avance minimum pour faire sa demande et ouvrir un dossier.

Nous passons de belles fêtes de fin d'année et faisons une trêve par rapport à tous ces problèmes administratifs. Nous profitons des enfants et des petits-enfants avant de regagner le sud de la France.

Pour cette nouvelle année 2022, j'ai déjà de belles rencontres de prévues.

Chapitre 7

Médiathèques, écoles, associations… Le tour de France continue

Dès février, je quitte mon petit appartement du Sud, direction Lille. J'ai rendez-vous avec Mathilde à la médiathèque de Saint-Amand-les-Eaux dans les Hauts-de-France, pour une action sur l'illettrisme intitulée : « Tous lecteurs, tous égaux ». Des apprenants de Mots et merveilles, une association de lutte contre l'illettrisme, sont présents. Aujourd'hui, on inaugure un espace dédié aux difficultés de la lecture. Je suis très heureuse de partager ce moment car la lutte contre l'illettrisme a tout à fait sa place au sein des médiathèques.

Parmi les trente-huit apprenants, une femme trouve le courage de nous montrer ses progrès. Dans ses hésitations à la lecture d'un texte, je reconnais bien ses difficultés qui étaient les miennes et le sont encore parfois. Sa souffrance, je la connais, je la ressens. Elle reçoit de nombreux applaudissements et félicitations.

À moi d'aborder le pupitre pour ma prise de parole. Suite à l'émotion que j'ai pu ressentir lorsque cette femme trébuchait sur des mots, je me sens déstabilisée comme si je faisais un retour en arrière. Je raconte mon parcours, témoigne de mes difficultés de vie au quotidien, du manque d'autonomie que je vivais. Et je finis par des encouragements destinés aux apprenants. Je leur conseille de ne jamais rien lâcher, car il y va de la reconnaissance de leur existence au sein de notre société.

Cette journée s'achève avec une séance de dédicace de mon livre. Je tiens vraiment à remercier ces associations, cette médiathèque. Au cours de mes nombreux déplacements en France, je rencontre tant de personnes ouvertes d'esprit qui veulent juste aider leur prochain.

Le temps de remercier tous les acteurs de cette merveilleuse action, me voilà repartie à l'hôtel en attendant le train qui me ramènera dans mon petit village du Sud. Je serais bien restée une journée de plus, car le lendemain avait lieu la présentation du camion bleu « France services ». Une idée géniale. Ce petit camion muni d'ordinateurs connectés parcourt les villages les plus reculés pour aider la population dans ses démarches administratives et, par conséquent, l'aider dans ses problèmes informatiques. Mais il me semble que les gens ne connaissent pas assez son existence. De plus, le nombre de camions est limité sur tout le territoire français. Mais c'est une avancée. J'espère qu'elle va prendre de l'ampleur. Le problème, c'est que l'information est accessible, mais… sur Internet. On se mord la queue… Pourquoi ne pas utiliser des affiches dans les lieux publics, par exemple des arrêts de bus ?

Le 8 mars, journée de la Femme, arrive à grand pas. Julie Audouin-Urdangaray, la directrice de Lancôme m'a invitée à célébrer cette journée à Paris dans la boutique Lancôme des Champs-Élysées ou mon portrait est resté une année auprès de celui d'Isabella Rossellini. J'adore être leur ambassadrice pour la lutte contre l'illettrisme. Julie a été pour moi une des plus belles rencontres de ma vie. Son équipe et elle sont gentilles, prévenantes, attentionnées, à la hauteur de leur image dans le monde entier.

À la boutique, je vais rencontrer des apprenantes faisant partie du programme que Lancôme a créé et subventionné : « Write Your Future – Écrire votre avenir ». Ce programme propose à des femmes adultes en situation d'illettrisme et d'illectronisme de retourner à l'école pour devenir autonomes notamment pour leurs papiers administratifs. Sont aussi invitées des infirmières en pédiatrie pour les remercier de leur implication dans cette période difficile que fut la Covid.

De nombreux échanges et discussions ont lieu pendant la matinée. Lancôme a mis en place une séance « bien-être » pendant laquelle les participantes peuvent se faire maquiller par des professionnelles.

Lancôme a été créé par des femmes pour les femmes. Fleurs, petit buffet pour se restaurer, cosmétiques et littérature… Les choses ont été faites en grand pour cette journée de la Femme. C'est ce jour-là que Julie m'annonce qu'elle quitte la direction de Lancôme car d'autres horizons s'ouvrent à elle. C'est un choc pour moi, je ne veux pas que cela paraisse sur mon visage. Mais c'est le cas.

– Ne t'inquiète surtout pas, l'aventure va continuer avec mon successeur, me précise-t-elle.

Pas un seul mois ne s'écoule sans que je participe à une action pour la lutte contre l'illettrisme.

En mars, je me rends à Saint-Gervais-la-Forêt, dans le Loir-et-Cher, pour une soirée autour de l'illettrisme. L'ouverture de cette soirée commence par la projection du film *L'Illettré*[1]. Puis c'est à moi

1. *L'Illettré*, film de Jean-Pierre Améris, 2018.

de raconter mon parcours. S'ensuivent des échanges entre les participants, surtout des élus, qui s'ouvrent à ce problème et qui réalisent qu'il y a bien plus de personnes illettrées que ce que l'on croit et souvent près de chez soi. D'ailleurs, je n'en reviens toujours pas de la prise de conscience de nos collectivités. Ce sont vraiment des signes positifs pour éradiquer ce fléau qui est l'illettrisme, un handicap invisible.

Et me voilà repartie pour Paris, cette fois à la médiathèque Jean-Pierre-Melville (Paris 13ᵉ). Une table ronde est organisée. Elle s'intitule : « L'illettrisme en France : quel état des lieux en 2022 ? » Pendant le mois de mars, les bibliothèques parisiennes mènent des opérations autour de la langue française. Pour cette table ronde, une quarantaine de personnes participent dont Éric Nedelec de l'ANLCI, une sociologue engagée dans la lutte contre l'illettrisme, et moi-même.

Puis vient le salon du livre de Poix-de-Picardie, un petit village qui ne comprend même pas trois mille habitants. Je suis étonnée par le nombre d'exposants dans une salle des fêtes qui ne désemplit pas. Des premiers livres pour enfants aux bandes dessinées, en passant par des romans et des livres fort documentés sur la région, j'expose mon livre qui trône sur le stand qui m'est dédié. Les gens s'arrêtent devant, bien étonnés par son titre.

– Expliquez-moi, comment est-ce possible, à notre époque ? me demande un monsieur.

Il ne sera pas le seul.

2,5 millions d'illettrés encore en France en 2022. Voilà pourquoi j'ai écrit mon parcours. Voilà pourquoi j'ai osé me mettre à nu. Il est essentiel qu'une personne comme moi, avec ce handicap que la plupart cachent, puisse raconter, surtout écrire son parcours. Qui pourrait le faire à ma place ? Sinon quelqu'un qui a vécu ou qui vit la même chose. Montrer aux gens que cela existe toujours et que l'on peut s'améliorer en retournant à l'école et en persévérant, quel que soit son âge.

Ne laissons plus la honte faire barrage à notre évolution.

Cette journée m'apporte énormément. J'y fais de belles rencontres avec des auteurs que je ne connaissais pas et qui sont intéressés par le sujet de mon livre. Pour eux, l'utilisation ludique des mots est une activité créatrice qui transforme le vocabulaire en magie. J'espère avancer vers cette créativité peu à peu. De nos échanges ressort une remarque faite par un auteur : même si mon livre n'est pas considéré comme de la littérature, il a le mérite d'exister en tant que témoignage. À eux de continuer à écrire de magnifiques textes, à moi de continuer mon combat pour que les chiffres sur l'illettrisme baissent.

Il me semble que j'aime promener ma valise dans toutes les régions de France. Moi qui avais du mal à prendre le bus, le train et le métro il y a quelques années, je pars maintenant pour des périples qui me font traverser le pays dans tous les sens.

Même pas peur !

Je viens à peine d'arriver dans mon petit village du sud de la France que je repars dans le pays bigouden, la Bretagne. L'association Amicale laïque Penmarc'h m'a donné rendez-vous depuis plus d'un an. Même au fin fond de la Bretagne, ils font de l'illettrisme un temps fort. La chargée de mission régionale de l'ANLCI, Hélène, m'accompagne pour la prise de parole. Un chargé de mission par région était le but que s'était fixé M. Fernandez pour la l'ANLCI. Mission réussie ! La toile d'araignée, pour filtrer toutes les infos et ne laisser aucune région sur le bord de la route, est tissée. C'est le seul moyen de prendre la température de l'illettrisme en France.

Les organisateurs étaient composés, pour une grande partie, d'anciens enseignants, ainsi que de responsables d'associations de la région, un groupe de personnes qui relèvent leur manche au quotidien pour aider les gens dans leurs besoins administratifs du quotidien. Ils sont d'une simplicité et d'une modestie incroyables. J'ai vécu ces deux jours chez l'habitant, et les discussions ne se sont pas arrêtées à la conférence. Nous avons refait le monde pendant deux jours.

Au joli mois de mai, j'ai rendez-vous dans une école non loin de chez moi. Pas besoin de valise. Trente minutes de voiture et me voici arrivée. Je n'ai pas encore fait ce genre d'expérience. Je trouve juste extraordinaire que des professeurs de français utilisent mon livre comme support pour expliquer le parcours d'une personne illettrée. Lorsque j'ai écrit ce livre, je n'ai vraiment pas pensé à cette éventualité. C'est une très bonne idée car le but est surtout que l'illettrisme soit de l'histoire ancienne. Que nos futures générations se demandent comment cela a été possible.

Le collège du Fenouillet de La Crau dans le Var et toute son équipe pédagogique m'attendent. À mon arrivée, Pascale, l'initiatrice de cette action, responsable du CDI, est déjà sur le parvis du collège.

– L'équipe pédagogique et moi-même sommes très heureuses de te recevoir.

Dans le hall, elle me présente le professeur de français qui me signale que les enfants sont un peu excités et enthousiastes par ma venue. Alors là, j'ai le trac comme jamais. J'espère que je vais pouvoir m'exprimer correctement.

Deux classes ont travaillé sur le sujet de l'illettrisme et sur mon livre.

Dans la première classe de 6e, l'enseignante ne leur a pas fait lire le livre en entier. Juste quelques passages qu'elle avait soigneusement choisis pour que les enfants prennent conscience du drame d'une vie sans les savoirs de base.

Je leur explique avec des mots bien pesés que l'égalité des chances commence par le savoir, à commencer par : savoir lire et écrire. Et pas seulement lire, mais aussi comprendre ce que l'on lit. Comment vivre sans ?

Nous faisons un petit exercice. Je propose aux élèves de fermer les yeux pour lire et écrire. Puis, je leur demande ce qu'ils ont compris.

– C'est comme si vous marchiez à l'aveugle sur la feuille de papier. Vous ne voyez rien, vous ne comprenez rien, les lettres, les mots sont comme des dessins pour vous et ne vous parlent pas, vous ne les maîtrisez pas. Ne pas savoir lire et écrire, c'est ne pas maîtriser votre propre vie.

Les questions fusent.

– Comment avez-vous fait pour vous occuper des devoirs de vos enfants ?

– Mes enfants n'ont pas eu besoin d'aide scolaire et, lorsque c'était le cas, je leur ai payé des cours de soutien.

– Comment compreniez-vous les mots écrits des professeurs ?

– Mes enfants me les lisaient.

– Comment faisiez-vous pour lire une recette ?...

La seconde classe, des 3e, a lu mon livre en totalité. Je leur raconte mon parcours. Puis nous débattons sur la liberté, sur les droits, sur le pouvoir du savoir, sur l'accès au monde et l'ouverture d'esprit qui s'offre à nous lorsqu'on a beaucoup de compétences.

Les questions sont très pertinentes :

– Comment faire pour voter sans savoir lire ?

– La photo des candidats et le logo du parti figurent sur la plupart des flyers que j'emmenais au bureau de vote.

– Comment avez-vous rempli les papiers sur l'orientation à choisir pour vos enfants ?

– J'ai laissé mes enfants remplir leurs documents eux-mêmes.

– Comment avez-vous fait pour passer le permis de conduire ?

– La conduite, cela a été simple. Pour le code, avec les diapositives, j'ai pu apprendre par cœur le code de la route.

Une heure pour chaque classe. C'est trop court... mais nous prenons rendez-vous pour l'année prochaine. Moi qui ai été fâchée pendant de nombreuses années avec l'école, me voilà au sein d'une classe, à raconter mon parcours chaotique. De quoi en encourager quelques-uns qui ne s'y sentent pas à l'aise, à l'image d'une petite blonde qui est venue me voir l'année suivante dans cette même école en pleurant, pour m'avouer sa souffrance et combien c'était difficile pour elle, en tant qu'enfant dyslexique. En la serrant dans mes bras, je l'ai encouragée à être patiente. L'assurant que ses efforts et son travail avec ses professeurs compréhensifs et l'orthophoniste finiront par payer.

Je quitte les enfants en leur expliquant au préalable que plus leur bagage de connaissances de base sera grand, plus ils maîtriseront leur vie d'adulte. L'éducation leur donnera la liberté, l'émancipation.

En France, nous avons la chance d'avoir accès à un bon enseignement. Depuis de nombreuses années à l'école, des bilans effectués sur les enfants avant le passage en cours préparatoire ont été mis en place. Nous pouvons donc déceler ceux qui auront des difficultés avec la lecture et l'écriture. Lire et comprendre un passage, quelle que soit la matière, c'est la base de la scolarité. Pour ceux dont les difficultés ont été décelées, il faudrait mieux s'organiser pour que les orthophonistes prennent en charge nos petits au plus vite. Pour l'instant, le temps d'attente d'un rendez-vous avec un orthophoniste est en général d'un à deux ans en moyenne. Cela dépend des régions.

Une autre idée, souvent déjà mise en pratique dans l'enseignement privé : des orthophonistes se rendent dans les écoles pour prendre en charge les enfants en difficulté. Il faudrait trouver un chemin pour que ces orthophonistes arrivent dans nos écoles publiques.

Cette année scolaire 2021/2022 s'est révélée riche en rencontres. Depuis la sortie de mon livre jusqu'aux nombreux plateaux télé, j'ai sillonné la France de part et d'autre en rencontrant notamment plusieurs journalistes. De nombreux magazines et émissions télé se sont en effet emparés du sujet handicapant qu'est l'illettrisme.

Pendant les grandes vacances scolaires, je me repose dans le Sud et j'en profite souvent pour lire à l'ombre d'un rocher. J'aime feuilleter les magazines, suivre l'actualité, m'informer sur les divers sujets de société. J'apprécie ce nouveau plaisir qui me relie au monde et aux gens autrement que par la télé. Suivre l'actualité et apprendre en lisant me donnent une nouvelle dimension. L'écrit fourmille de détails que l'image ne rend pas forcément.

Me voici repartie à Paris en ce début septembre. L'agence Proches et mon attachée de presse Aurélie ont organisé un rendez-vous avec la nouvelle direction de Lancôme. Je suis attendue pour midi dans un restaurant. Des présentations s'imposent. Le nouveau directeur général Édouard Bazil est un homme élancé, beaucoup plus jeune que je n'aurais pu l'imaginer. Belle surprise. Il me présente aussi Barbara Bakech, responsable pour la France du programme Lancôme « Write Your Future / Écrire votre avenir », après avoir travaillé sur le lancement international du programme avec l'ONG « Care » – pour aider les femmes à regagner de l'autonomie grâce à l'éducation.

Je suis très honorée. Il est tellement important que de grandes marques de sociétés importantes s'investissent financièrement pour toutes ces femmes auxquelles on a refusé l'accès à la connaissance.

Ce repas que j'attendais tant confirme le renouvellement de mon engagement avec Lancôme. C'est à ce moment-là que j'annonce au nouveau directeur que j'ai commencé à écrire un second livre.

Je lui demande s'il serait d'accord pour le sponsoriser de la même façon que le premier. Et je lui expose le thème de ce nouvel ouvrage.

Il accepte tout de suite. Je suis impressionnée par sa confiance.

– Vous savez, me dit-il, avec mon équipe ici présente, je vais organiser au mois de décembre une soirée cinéma avec la projection du film *Champion* avec Kendji dans le rôle principal. Il interprétera un jeune homme illettré. On se mettra d'accord sur une date, car je souhaite votre présence pour expliquer aux membres du personnel de Lancôme ce qu'est l'illettrisme et comment l'on vit avec ce handicap.

Le rendez-vous est pris. Encore une journée de belles rencontres à venir et un nouveau projet. C'est sur cette bonne note que le déjeuner s'achève.

Le soir, je suis invitée par Aurélie et son directeur de l'agence Proches. Une soirée entre amis autour d'un petit repas.

Le lendemain, une porte ouverte est organisée par l'agence Proches dans ses bureaux. Plusieurs stands sont installés avec des produits pour lesquels l'agence a en charge les relations de presse : bijoux, cosmétiques, vêtements, produits alimentaires en vue des fêtes de fin d'année. Un stand m'est dédié en tant qu'autrice du livre *J'ai appris à lire à 50 ans*. Durant toute la journée, j'échange avec nombre de journalistes, notamment Séverine Ferrer, présentatrice de télé, comédienne et chanteuse. Tellement de cordes à son arc. Intriguée par le titre de mon livre, elle s'arrête devant mon stand. Je m'empresse de lui dédicacer un exemplaire. Nous parlons longuement de la cause des femmes. Elle prend mes coordonnées et me promet que nous allons bientôt nous revoir. Il est vrai que j'espère la revoir, mais… Je sais que, quelquefois, cela ne se présente pas toujours comme on le voudrait. C'est une femme très occupée. Je pense que cela est tout de même improbable.

En attendant, les Journées de lutte contre l'illettrisme commencent le 8 septembre 2022. Je suis très heureuse d'avoir un planning bien chargé à l'occasion.

Mais les valises ne vont pas se faire toutes seules. Je dois quitter Paris pour retrouver mon compagnon Patrice dans notre petit appartement du Sud et nous voilà repartis, direction Strasbourg en voiture. Cette fois-ci, Patrice m'accompagne.

Je vais retrouver Caroline que j'ai eu l'occasion de rencontrer à plusieurs reprises, notamment lors d'une remise de prix par l'ANLCI pour remercier les plus belles actions de l'année reliées au combat contre l'illettrisme. Je faisais partie du jury. Caroline est responsable de l'association Savoir pour réussir du Grand Est, une association pour l'insertion sociale. Personnellement, j'avais trouvé toutes les actions présentées aussi performantes et belles les unes que les autres. Chacune d'elles est source de victoire contre l'illettrisme. Je n'avais qu'un désir : les applaudir et les remercier. Caroline faisait partie des associations gagnantes de cette journée. Elle en avait profité pour me demander si j'acceptais d'être présente à Strasbourg le 8 septembre, à l'ouverture des journées de l'illettrisme, et au sein de son association. Après un oui immédiat de ma part, je l'avais tout de suite inscrit sur mon agenda.

Lors de notre arrivée à Strasbourg, Caroline nous reçoit avec sa gentillesse habituelle, puis nous installe dans un très bel hôtel, typique du caractère alsacien. Nous avons rendez-vous pour une visite guidée de Strasbourg suivie d'un dîner dans un coquet restaurant traditionnel, pour finir la journée. À l'occasion du repas, nous parlons de notre intervention du lendemain. Cette soirée passe à toute vitesse.

Le lendemain, à dix heures, nous arrivons à la médiathèque André-Malraux. Éric Nedelec, l'un des directeurs de ANLCI, m'attend avec Caroline. Nous pénétrons dans une immense salle. Sur la scène, trois chaises face au public nous attendent. La salle se remplit doucement, des membres de nombreuses associations prennent place ainsi que quelques élus de la région.

Caroline prononce un « speech », comme elle l'appelle, pour expliquer l'importance de son association, puis Éric prend la parole en rappelant les chiffres : 2,5 millions d'illettrés en France en 2022… Alors oui, les associations ont une place fondamentale pour éradiquer l'illettrisme en France.

Il me donne la parole. J'explique mon parcours, la souffrance de vivre avec un tel handicap.

Ça me fait toujours bizarre. Mais dans le public, j'ai toujours des fans. Des personnes, comme moi. Une dame ne cessait de m'applaudir. À mon tour, je lui donne la parole pour qu'elle puisse s'exprimer sur son parcours. Je sens qu'elle a besoin de se raconter. Elle est d'origine maghrébine et travaille comme femme de ménage. Elle nous raconte les difficultés qu'elle rencontre au quotidien. À la maison, pour remplir les papiers, mais aussi au travail, même si elle habite en France depuis de nombreuses années. Elle est toujours en difficulté. Elle signe les contrats de travail sans même les lire. Elle ne comprend rien aux fiches de paie. Elle commence à six heures du matin pour faire le ménage dans les bureaux des entreprises. Elle nous dit qu'elle n'aime pas qu'on lui change ses habitudes car, à chaque fois, elle doit demander de l'aide. Que ce soit pour le planning ou pour se rendre sur de nouveaux locaux. Grâce à l'association, elle dit progresser en lecture et en écriture. Pour finir, elle me remercie d'avoir écrit ce livre dont elle a acheté quatre exemplaires, un pour sa responsable au travail, un pour une collègue, et pour des membres de sa famille. Quant à elle, elle l'a écouté en audio car elle ne peut pas encore le lire… Ce qu'elle fera bientôt, je l'espère.

Je la remercie à mon tour.

Caroline donne la parole à un monsieur d'une soixantaine d'années.

– Bonjour à tous, j'ai un peu plus de soixante ans et je travaille depuis l'âge de seize ans. J'ai commencé à travailler dans les usines de métallurgie pas très loin de Strasbourg. Je me suis marié et j'ai eu des enfants. Mais lorsque j'ai atteint l'âge de quarante ans, l'entreprise pour laquelle je travaillais a menacé de fermer ses portes. Ils proposaient de l'argent pour ceux qui voulaient quitter l'entreprise. Il n'y avait pas très longtemps que j'avais acheté une maison pour mettre à l'abri ma famille. À ce moment-là, je me suis posé de nombreuses questions : attendre d'être au chômage ou tenter ma chance ? J'en ai parlé avec ma famille qui a décidé de me soutenir. J'avais envie de tenter ma chance, en ouvrant ma propre entreprise. Mais je n'avais pas les compétences pour être un patron. Travailler de mes bras, ça, je savais faire. Je me suis lancé dans une petite entreprise dont j'étais le seul ouvrier en tant que laveur de carreaux. Les premières vitrines, les premières fenêtres, je les ai nettoyées gratuitement pour me faire connaître. Ma fille aînée a géré toute la paperasserie administrative. C'est ainsi que ma petite entreprise a prospéré. Depuis quelque temps, je m'accorde du temps pour prendre soin de moi. Je vais à l'association Savoir pour réussir où j'apprends à lire et à écrire avec d'autres personnes adultes. Et cela est motivant. À plus de soixante ans, j'entame une nouvelle vie.

Je suis vraiment admirative, quelle persévérance, quel courageux monsieur. Et quelle belle famille ! Il est vrai que lorsqu'on est bien accompagné, quel que soit notre handicap, il s'allège plutôt bien.

Les échanges continuent avec le public de la salle pour finir avec quelques dédicaces.

Chapitre 8

Ceux qui aident à apprivoiser le numérique

Le temps est compté et nous avons rendez-vous avec la radio locale pour ensuite filer chez Emmaüs Connect[1] qui agit pour la réinsertion de personnes en situation de précarité sociale et numérique. Leur devise : « Faire du numérique une chance pour tous ».

Postuler à un emploi, trouver un logement, prendre un rendez-vous chez le médecin, refaire ses papiers, payer ses impôts, accéder à ses droits sociaux, suivre la scolarité de ses enfants… Il faut désormais se connecter pour accéder à la plupart des services du quotidien, alors même que trente-cinq pour cent des Français sont encore en grande difficulté avec le numérique.

Ça faisait longtemps que je voulais rencontrer ce genre d'association.

1. www.emmaus-connect.org

Bien souvent, tout au long de ces dernières années, je me suis trouvée en difficulté avec l'outil numérique. Combien de fois je n'ai pas su faire, je ne comprenais rien, je me suis fait avoir par des sites douteux comme celui qui promettait de me procurer ma carte grise, moyennant une certaine somme. Alors qu'il existe un site officiel qui fournit une carte gratuitement. J'ai payé quarante-cinq euros et j'attends toujours ma carte grise par leur intermédiaire. Par la suite, j'ai obtenu ma carte grise gratuitement et sur place, dans la boutique qui fait les plaques d'immatriculation.

Lorsque je suis sur Internet, je perds ma confiance. Je ne suis pas du tout technicienne. Je sais juste aller sur Internet, utiliser le logiciel Word et envoyer un mail… mais les changements des mises à jour me perturbent souvent. Je suis systématiquement obligée de demander de l'aide et je n'en trouve pas tout le temps. Tous ces problèmes, je suis loin d'être la seule à les rencontrer.

Pour revenir à Emmaüs Connect, cette association compte une vingtaine d'antennes sur notre territoire. Cela n'est pas suffisant car ils sont tellement utiles. Ils sont pourtant peu connus, surtout des personnes qui en auraient besoin !

Dans leur bureau, sur une vitrine, sont installés des téléphones portables, des ordinateurs, des imprimantes. Tous ces appareils numériques ont été réparés et remis à la vente à des prix défiants toute concurrence.

Un homme d'une trentaine d'années nous accueille et nous donne quelques explications sur le fonctionnement de l'association.

– Je vous confirme que notre association s'adresse à tout le monde sur prise de rendez-vous. Des bénévoles accueillent les personnes individuellement. Il est aussi possible de faire réparer un ordinateur, un téléphone portable ou une imprimante.

Caroline m'avait pris rendez-vous avec deux femmes qui désiraient me raconter leur histoire.

– Bonjour, je m'appelle Colette et j'ai soixante-quinze ans. Il y a cinq ans, mon mari est tombé malade. À présent, il est handicapé, il ne peut plus s'occuper des papiers comme il le faisait autrefois. Par exemple, je n'avais jamais rempli les feuilles d'impôts. C'est aussi lui qui avait mis en place notre retraite. Il y a quelque temps, j'ai été victime d'une arnaque au téléphone. Une personne malveillante a profité de ma faiblesse pour me soulager de deux mille euros. J'ai reçu un appel pour m'informer que ma belle-sœur était dans le besoin et qu'il fallait lui envoyer de l'argent. Prise de panique, j'ai accepté de suite et j'ai donné mon numéro de carte bleue. Puis j'ai appelé ma belle-sœur qui m'a assuré qu'elle allait très bien et n'avait pas besoin d'argent. C'est là que je me suis rendu compte de mon erreur ! Il était trop tard même si je suis allée à la banque. J'ai voulu porter plainte. J'ai filé au commissariat où l'on m'a annoncé qu'il faut d'abord déposer une « préplainte » et sur Internet en plus ! Je ne savais même pas que cela existait, les préplaintes. Comme je n'ai pas Internet, j'ai pris rendez-vous en urgence avec mon bénévole de chez Emmaüs Connect. Il a fallu plus d'une heure trente avec lui à mes côtés (il ne connaissait pas non plus la préplainte) pour lire, comprendre le processus et valider. Il y a vraiment de quoi se décourager. D'ailleurs, je n'ai jamais revu mes deux mille euros. Comment font les personnes en situation d'illettrisme ?

Je lui demande :

– Avez-vous un ordinateur chez vous ?

– Je dis toujours que je n'en ai pas car je n'ai pas les compétences requises pour m'en servir, de même que je dis aussi que je n'ai pas Internet. Mon fils, qui est parti vivre à l'étranger, nous l'a pourtant installé avant son départ et a connecté un ordinateur pour qu'on puisse se parler deux fois par semaine tout en se voyant avec la caméra. Je vois bien qu'on a sans arrêt besoin d'Internet. Mais ne sachant pas m'en servir, comme pour déposer la préplainte ou remplir d'autres documents administratifs, je ne l'utilise pas. Je viens ici trouver de l'aide. Pour les impôts, je préfère me déplacer à l'hôtel des impôts et remplir ma déclaration avec eux.

Lorsqu'il faut prendre rendez-vous pour mon mari qui est handicapé, il faut aller sur Doctolib. Mais comme je n'y arrive pas, je me déplace souvent et d'ailleurs je préfère. De même, quand je dois commander un transport médical pour lui, car il faut l'emmener et venir le chercher. Mais lorsque je ne pourrais plus me déplacer pour prendre les rendez-vous, comment allons-nous faire ? Il n'y a plus beaucoup de secrétaires médicales.

Je lui demande quel a été son parcours professionnel.

– Avant de rencontrer mon futur époux, j'étais secrétaire de direction. À l'époque, Internet n'existait pas. Puis, j'ai tenu une boucherie avec mon mari en Alsace jusqu'à la retraite que nous avons prise il y a plusieurs années. Lorsque la banque m'a demandé de suivre mes comptes sur ordinateur ou lorsque la caisse de retraite m'a demandé de suivre mes relevés, je leur ai dit que je ne savais pas faire. Tout devient très compliqué. Grâce à cette association à côté de chez moi, j'ai pu surmonter tous ces problèmes administratifs qui ne tiennent pas compte de personnes qui ne connaissent rien à Internet. Avant le décès de mon fils, il y a deux ans, c'est lui qui pouvait prendre la main sur mon ordinateur, quel que soit l'endroit dans le monde où il se trouvait, et qui réglait les pannes et nous aidait pour Internet. Moi, je n'ai pas cette logique, je n'y comprends rien, je suis dépassée. Du coup, avec mon mari handicapé, nous sommes très seuls. Mais grâce à cette association, les problèmes d'informatique trouvent toujours une solution. Par exemple, mon téléphone portable était en obsolescence. Il se bloquait souvent. Je suis allée à la boutique de mon fournisseur téléphonique qui m'a dit que mon téléphone était fichu, qu'il fallait réinvestir dans un nouveau téléphone. Il n'en était pas question, trop cher pour nous. De plus, je ne m'en sers que pour téléphoner et prendre quelques photos. C'est-à-dire un minimum. J'ai pu en acheter un autre à l'association, mais d'occasion. Et il me suffit amplement.

Une deuxième personne, une femme de soixante-huit ans prénommée Josiane désire prendre la parole :

– Mon mari est décédé il y a un an. Il s'occupait de la paperasse et du jardin. Dans notre couple, chacun avait ses tâches.

Je savais faire quelques trucs sur l'ordi, mais vraiment pas grand-chose. Juste rechercher des recettes de cuisine sur Internet. Nous avons une fille qui habite en Espagne, donc pas très pratique pour m'aider. Pour la réversion de la retraite de mon mari défunt, cela a été extrêmement compliqué pour moi. Il est né dans la région parisienne, nous nous sommes mariés à Lille. Pour récupérer les actes de naissance et de mariage, il faut aller sur Internet. À chaque fois que je tombais sur un site, on me demandait mon numéro de carte bleue. Je sais bien qu'il ne faut pas le donner donc je ne l'ai pas fait. J'ai fini par faire à l'ancienne : un courrier dans chaque mairie où j'avais des besoins. Pour le changement de carte grise, même problème. La première fois, je me suis fait avoir, j'ai payé quarante-cinq euros pour rien. En ville, à Strasbourg, j'ai fini par trouver un garage qui se charge de nous avoir les papiers pour les changements de carte grise. Je suis venue dans cette association il y a seulement quelques mois. Et j'apprends beaucoup de choses. Et surtout, je suis encadrée pour ne pas faire d'erreur.

Avant de partir, je remercie Bertrand, d'Emmaüs Connect, qui aide tous ces gens à démêler leur problème avec le numérique, et surtout pour ne pas se faire arnaquer ou demander de l'aide trop tard. Comme d'autres intervenants, leur place est importante pour les laissés-pour-compte en matière d'informatique, plus nombreux que l'on ne pense. En général, les personnes comme Bertrand se portent volontaires et sont déléguées par leur entreprise pour intervenir au sein d'association comme Emmaüs Connect.

Je quitte l'association et Caroline pour visiter, avec mon compagnon Patrice, la cathédrale de Strasbourg. Cette architecture reflète bien la maîtrise de la connaissance et du savoir-faire. L'horloge de la cathédrale me laisse sans voix. Ceux qui l'ont conçue l'ont pourtant réalisée sans l'aide d'Internet…

Après une dernière nuit dans le sublime hôtel que Caroline nous avait réservé, Patrice charge la voiture. Direction la Normandie chez ma fille, qui habite non loin de Cherbourg. On en profite pour passer un moment en famille.

Pendant cette semaine d'action contre l'illettrisme, les événements vont s'enchaîner.

Chapitre 9

Espoirs et victoires grâce aux associations

Paris. Le film *Champion* avec le chanteur et acteur Kendji Girac en rôle principal, tout juste sorti sur TF1, est présenté à l'occasion de sa sortie en salle. C'est la deuxième fois que l'on se rencontre avec Kendji. Je suis très honorée d'être là, fière et heureuse qu'une jeune personne comme lui soit à mes côtés pour combattre l'illettrisme, le thème du film. Les jeunes en situation d'illettrisme peuvent s'identifier au personnage incarné par Kendji. Dans ce film, il représente le champion du courage et de l'autonomie pour devenir un homme libre et indépendant.

En présence de M. Fernandez et de nombreux journalistes, des représentants de Lancôme et de TF1, nous assistons à la projection du film. S'ensuivent des prises de parole sur la conception du film qui est passé sur la chaîne le premier jour de la semaine de l'illettrisme. Je remercie tous les intervenants. Je suis assez fière que des thèmes autour de ce handicap soit abordé dans un film. Cela permet à ceux qui ne savent pas lire de s'identifier et donc de se décider à surmonter cet obstacle. La preuve en est que, le soir même de la projection du film sur TF1, le numéro vert 0800 11 10 35 s'est retrouvé saturé avec des centaines d'appels reçus en une soirée ! Très belle victoire !

Le lendemain, direction la Normandie pour une semaine intense. Sandra, la responsable de la « Lutte contre l'illettrisme » en Normandie m'attend pour une première rencontre à la médiathèque de Colombelle, près de Caen, où plusieurs associations sont représentées. Avec Sandra, l'année dernière, nous avons déjà animé plusieurs rencontres de ce type en Normandie.

Arrivée sur place, je découvre une merveilleuse affiche avec la couverture de mon livre pour illustrer cette rencontre intitulée : « Pour briser les tabous ».

L'amphithéâtre se remplit avec des adultes, presque tous en situation d'illettrisme et accompagnés par des associations. Sandra me présente et me donne la parole. Je parle de mon enfance, de ma scolarité, de ma vie de femme, de ma vie au travail, de mes angoisses, de mes souffrances, de mes frustrations… pour ensuite échanger avec mon auditoire. Plusieurs personnes sont émues et se reconnaissent, dont une femme de quarante ans, qui nous raconte son parcours de vie avec beaucoup d'émotion et de regret : à tout juste dix-huit ans, elle se marie à Dakar. Avec son amoureux, du même âge, ils décident de venir vivre en France. Au Sénégal, ils étaient scolarisés dans une école française. Arrivé dans la région parisienne, son mari rentre à la faculté de Nanterre. Elle venait alors juste d'apprendre sa première grossesse. Logés chez des cousins de son mari, le temps qu'il finisse ses études et commence à travailler, elle a élevé ses enfants, cinq au total. Vingt années se sont écoulées, au cours desquelles son mari s'élevait dans la société, pendant qu'elle réalisait qu'elle n'était plus autonome.

Dès leur arrivée en France, il s'était occupé de toute l'administration : bourse pour la faculté, allocations familiales, allocations logement… Lorsque, au bout de ces vingt ans de mariage, il rencontre une autre femme, il demande le divorce. Elle prend alors pleinement conscience que toutes ces années sans pratiquer la lecture et l'écriture lui ont désappris les fondamentaux. Ne l'ayant jamais fait, elle n'est plus capable de lire et de comprendre un document administratif.

Elle a fini par se rendre à la mairie pour trouver de l'aide. Une assistante sociale l'a dirigée vers une association ou elle réapprend la lecture et l'écriture.

Encore une femme qui a perdu son pouvoir sur sa propre vie. Elle a tellement donné à son mari et à ses enfants qu'elle s'est complètement oubliée tout en devenant dépendante d'eux.

Quand je raconte mon parcours à des personnes comme elle, je sens que je les aide à faire tomber la honte et se sentir plus fortes pour continuer à apprendre et à aller de l'avant.

Il n'est jamais trop tard quel que soit notre âge.

Les étapes suivantes sont Caen, Rouen, Elbeuf, etc. Je parcours les médiathèques, les associations de ces différentes villes, pour finir à Avranches, toujours en Normandie, à l'association Intermédiaire Passerelles, dont le but est de renforcer l'insertion sociale et professionnelle de publics rencontrant des freins, et de le soutenir par un accompagnement spécifique. Parmi eux, des personnes qui souhaitent progresser dans la maîtrise des savoirs de base.

Le temps de quelques présentations autour d'un café, Adèle, la responsable de l'association, m'entraîne vers une salle informatique où quelques apprenants travaillent sur des ordinateurs.

– Ce sont des personnes qui ont eu un parcours difficile, voire chaotique, me confie-t-elle discrètement. Mais elles ont le courage et la détermination de vouloir s'en sortir, elles viennent dans ces lieux plusieurs fois par semaine. Tout ce travail est en vue d'un retour à l'emploi.

Parmi les apprenants, deux d'entre eux, Christine et Marie, m'accueillent très chaleureusement. N'étant pas encore en capacité de lire mon livre, elles ont néanmoins pu l'écouter en audio.

Marie, quarante-cinq ans, souhaite me raconter son parcours.

– Vous savez Aline, je vous remercie pour tout ce que vous faites pour les personnes en difficulté. J'ai moi-même eu une enfance un peu difficile, me dit-elle modestement. Lorsque j'étais petite fille, j'ai eu une méningite. J'ai été longtemps hospitalisée. Suite à ma maladie, j'avais des problèmes de langage. Une grande partie de ma vie, j'ai été le souffre-douleur de mes deux sœurs aînées qui me gardaient. Mes parents ont fait de leur mieux, avec les moyens qu'ils avaient. Ils travaillaient tous les deux beaucoup pour subvenir à nos besoins.

Je suis allée à l'école, mais n'étant pas adaptée pour des enfants comme moi, j'étais perdue. Même à l'âge adulte, j'ai été sous l'emprise de mes sœurs. J'ai réussi à me détacher d'elles grâce à une assistante sociale qui m'a mis sous tutelle pour gérer mes finances. Depuis que je suis dans cette association, je m'émancipe. J'espère trouver un travail. Peut-être dans une petite usine non loin de là.

Christine, une cinquantaine d'années, enchaîne. « Pupille de l'état », après avoir mené une enfance difficile en maison d'accueil pour finir dans un pensionnat, elle nous raconte qu'elle a fait un mauvais mariage, dans lequel elle était battue, et qu'elle s'est réfugiée dans l'alcool. Cela fait plusieurs années qu'elle est sobre.

Je l'écoute et je me dis : *Elle aussi, c'est une combattante acharnée.*

– Depuis de nombreuses années, continue-t-elle, je suis aux alcooliques anonymes. Ils m'ont dirigé vers La Passerelle pour acquérir les savoirs essentiels. Mon objectif actuel est de maîtriser la lecture et l'écriture en vue de passer un diplôme d'informatique. Ensuite, je ferai comme vous Aline. J'écrirai un livre. Pour me libérer de toutes les souffrances de ma vie.

Quelques mois plus tard, je recevrai par mail une copie du diplôme d'informatique que Catherine a obtenu. Elle a commencé à écrire son livre même si elle m'avoue que c'est difficile... Je l'encourage fortement car je sais combien cela est compliqué, surtout si elle a dû mener en plus un combat contre l'alcoolisme.

Puis Yann, prend la parole :

– J'ai à peine trente ans, je suis sorti de l'école en échec scolaire. À dix-huit ans, j'ai réussi à obtenir mon permis de conduire. Mais j'avais tendance à m'entourer de mauvaises fréquentations qui m'entraînaient vers des plans galère, comme l'alcool, la drogue... J'ai fini par perdre mon permis de conduire. J'ai même fait quelques stages à l'ombre, derrière les barreaux.

Mais à présent, je souhaite mettre fin à toutes ces bêtises, prendre ma vie en main. Je suis heureux de faire partie de cette association. Grâce à eux, je travaille à mi-temps dans une société de jardinage de la ville. Je dors actuellement dans un foyer, mais si tout se passe bien et que je garde le cap, l'année prochaine, j'espère bien avoir du travail à plein temps, et ensuite un appartement, juste pour moi. Avoir une vie posée, tel est mon but.

Un autre homme prend la parole. Il se présente et explique faire partie de la communauté des gens du voyage.

– Je profite d'être à côté d'Avranches pendant plusieurs mois pour être dans cette association, afin d'apprendre à lire et à écrire. J'ai quarante ans, je suis marié, j'ai trois enfants. Pour vivre, je fais beaucoup de travaux tels que le jardinage et l'élagage. Pour cela, les particuliers demandent de plus en plus des devis écrits que ma femme, qui sait lire et écrire, me fait. Elle s'occupe aussi de beaucoup de documents pour notre communauté. Mais il est temps que je me débrouille un peu. À travers l'association, j'apprends à lire et à écrire. C'est important pour le regard que mes enfants portent sur moi.

Toutes ces rencontres sont d'une richesse très étonnante. Échanges, partages de vie, d'expériences, de conseils. Les selfies se multiplient… et les autographes. À chaque fois, je trouve que le temps passe trop vite.

Chapitre 10

L'importance de témoigner et de faire témoigner les autres

Les huit jours de la lutte contre l'illettrisme s'achèvent le 22 septembre à Charleville-Mézières avec la projection du film *L'Illettré*, avec Annie Cordy.

Mais pour ce mois de septembre, il y a quelque chose que je ne veux surtout pas louper à Paris : la sortie du film *Les Petites Victoires*, de Mélanie Auffret, film sur la désertification des villages et sur l'illettrisme.

Je suis invitée à l'avant-première. J'ai rencontré Mélanie bien avant la sortie de mon livre, alors qu'elle écrivait le scénario. Elle voulait rencontrer une personne illettrée pour que son film soit juste.

Nous avons mangé dans un petit restaurant italien, à Paris. Je lui ai donné des ficelles en lui faisant promettre qu'elle m'inviterait sur le tournage. Elle a tenu parole et m'a contactée pour que je vienne sur le tournage pendant deux journées. Ce film est magnifique et je suis très heureuse d'avoir collaboré avec Mélanie.

De retour chez moi dans le Sud, le téléphone sonne. C'est Aurélie, mon attachée de presse.

– Coucou ma belle, comment vas-tu ?

– Très bien, dis-moi.

– Tu te souviens de Séverine Ferrer, que tu avais rencontrée début septembre à la journée porte ouverte de l'agence ?

– Oui, bien sûr. C'était une belle journée.

– Elle souhaite te rencontrer pour te proposer quelque chose autour d'un dîner si tu es d'accord. Bien sûr, je serai présente avec mon équipe ainsi que celle de Lancôme.

Incroyable, je n'y crois pas, je suis trop contente. Je suis fan de Séverine Ferrer. Lors de notre rencontre à la journée presse organisée par l'agence Proches, elle m'avait dit qu'elle me recontacterait. Je n'y croyais pas trop. J'avais tort.

– Tu sais pourquoi elle veut me rencontrer ?

– Non.

Le déjeuner est fixé le 28 septembre. Nous arrivons toutes les quatre en même temps, Aurélie, Séverine, Barbara de Lancôme et moi-même. Séverine est douce, simple, gentille, intelligente. Et très jolie. Elle nous raconte son parcours, et nous informe qu'elle met aussi en scène des pièces de théâtre dont une sur laquelle elle travaille actuellement et qui s'intitule *La Voie des femmes*. Dans cette pièce, des femmes de tous âges, de tous horizons, étudiantes, mères de famille, avocates, chefs d'entreprise, actrices, chanteuses, femmes battues, handicapées... témoignent de leur parcours par l'intermédiaire de comédiennes. L'objectif de Séverine est de leur donner la parole pour mettre en lumière des parcours qui restent souvent dans l'ombre.

Je me demande ce que je peux faire pour l'aider. Elle me regarde et me dit :

– Aline, si tu veux, je te propose d'écrire deux pages pour les introduire dans ma pièce de théâtre.

– Moi ? Écrire deux pages ? Pour votre pièce de théâtre ?

– Oui, me répond-elle en souriant. Il faut que tu saches que les fonds seront reversés à des associations qui viennent en aide à des femmes en difficulté.

– Oui, oui, parfait.

Je ne sais pas quoi répondre d'autre que « oui, parfait ». Je suis émue. Sa proposition me laisse sans voix. Écrire pour une pièce de théâtre, ça me donne le vertige. Comment vais-je réussir à écrire ces deux pages ? Mon cerveau commence déjà à bouillonner.

En octobre, je suis conviée au séminaire annuel de l'Association pour la formation professionnelle des adultes (AFPA). Ma mission est de raconter mon parcours pour sensibiliser les enseignants, les responsables, et les formateurs de l'association. Expliquer la sensibilité des personnes illettrées ou en échec scolaire, leur mal-être, leurs stratagèmes, leurs difficultés au quotidien pour se faire comprendre. Tout cela, je l'ai vécu. Je peux témoigner pour que les formateurs en aient conscience. Je quitte cette soirée, chargée d'espoir.

Novembre.

Direction Toulouse. Je suis invitée pour une conférence intitulée : « L'illettrisme est aussi un visage de la pauvreté ». Je raconte de nouveau mon parcours et l'importance de cette lutte contre l'illettrisme, l'importance de faire tomber les tabous pour que ce ne soit plus une honte pour ceux qui le vivent.

En décembre, je remonte dans la région parisienne pour passer les fêtes de fin d'année en famille. Mais aussi pour rencontrer le personnel de Lancôme France avec une projection du film *Champion*. Je suis attendue avec M. Fernandez, directeur de l'ANLCI. La projection du film est prévue à dix-neuf heures pour enchaîner sur un débat qu'ouvre Édouard, le directeur de Lancôme.

– Dans le cadre du programme « Write Your Future – Écrire votre avenir », nous nous sommes associés avec l'ANLCI pour mettre en place dans l'hexagone un nouveau programme qui va bénéficier à plus de sept cents jeunes mamans. Un fonds financier intitulé « Fonds d'expérience jeunesse » est alloué par les pouvoirs publics à l'ANLCI. Ce fond sera mis en place dans les cinq territoires d'outre-mer Guadeloupe-Guyane-Martinique-Mayotte-La Réunion, et destiné aux jeunes mamans. Il est nécessaire d'unir nos forces pour combattre l'illettrisme et donner la possibilité d'accès à l'enseignement aux jeunes mamans dans ces territoires. Cela est essentiel. L'illettrisme a des effets sur la scolarisation de leurs enfants. Il faut faciliter les premiers pas de leur apprentissage, c'est ce que l'on désire mettre en place. Ce programme nommé « FamiLire » sera mis en fonction à partir du mois de septembre 2023.

M. Fernandez prend la parole pour donner les chiffres de l'illettrisme sur ces territoires d'outre-mer où de très jeunes filles sont déjà maman, parfois à treize ans, ou grand-mère à vingt-six ans.

Je raconte une nouvelle fois mon parcours après quoi ont lieu de nombreux échanges avec le personnel de Lancôme.

Je remercie vivement Édouard de son implication. Comme il l'a souligné lors de cette soirée, c'est très bien de recevoir, mais il faut aussi savoir donner.

C'est le moment de se quitter et de rejoindre ma famille pour passer les fêtes de fin d'année. Des fêtes qui passent trop vite…

Cela faisait longtemps que je n'avais pas eu de nouvelles de mes anciens collègues et amis de l'hôpital, lorsque j'étais intendante hôtelière. Je profite de la nouvelle année pour les appeler.

C'est lorsque j'occupais ce poste à l'hôpital que j'ai décidé de retourner à l'école pour me former en compétence de base et en compétences informatiques, afin de passer un CAP d'hôtellerie. Tout cela m'a pris deux bonnes années. Puis, suite à une intervention chirurgicale de l'épaule, j'ai été obligée d'abandonner mon poste d'intendante hôtelière pour trouver un poste aménagé, car les charges lourdes m'étaient interdites[1].

Les formations que j'ai suivies m'avaient donné envie de motiver ceux qui, comme moi, pouvaient bénéficier de ces formations, mais qui n'osaient pas dévoiler leurs lacunes. C'est ainsi que j'ai rejoint le bureau du syndicat. Qu'importe le syndicat, l'important pour moi était de rencontrer tous les membres du personnel : brancardiers, agents de service hospitalier (ASH), intendantes hôtelières, aides-soignantes, service restauration, et professionnels du bâtiment…

M'occuper de leur bien-être était mon cheval de bataille. Lire, écrire, compter en font partie. En cette nouvelle année, Melissa, une ASH de trente ans, qui à l'époque ne voulait surtout pas devenir aide-soignante car elle ne s'en sentait pas capable, me raconte son année.

– Tu as eu raison de me dire que cela n'était pas facile. La formation entre la vie familiale, les enfants, les courses… ça n'a pas été tous les jours facile. J'ai de la chance d'avoir un mari génial. Pendant les six mois d'école à Paris pour améliorer mes compétences, il m'a beaucoup aidée le soir à

1. Voir *J'ai appris à lire à 50 ans.*

faire des révisions pour l'orthographe. Il en a profité pour s'améliorer lui-même. Partager ce moment s'est révélé très sympathique, cela nous a rapprochés. Ensuite, il a fallu que je m'inscrive à la formation d'aide-soignante. Et pour cela, je prépare mon dossier. Là aussi je me suis fait aider par la DRH. Pendant cette formation qui a duré presque un an, je peux te dire que ça a été difficile entre les stages en hôpital et l'école. De nombreux inscrits n'ont pas été jusqu'au bout. Moi, j'y tenais plus que tout. Même si je connaissais un peu le métier, les stages m'ont été essentiels pour apprendre les mesures d'hygiène, les relations humaines avec les patients, travailler en binôme avec une infirmière pour des soins précis. Toutes ces choses qui m'intéressaient et que je ne pouvais pas faire auparavant. Si tu savais combien j'ai eu peur de passer ce diplôme, la peur d'échouer ! Mais voilà, je l'ai obtenu. Cela m'a permis de rejoindre l'équipe de soignants et d'améliorer mon salaire. J'espère bien que je pourrais m'inscrire pour aller en école d'infirmière dans cinq ans, le délai nécessaire. C'est mon futur projet afin de m'épanouir dans ce milieu professionnel. Et pour la petite anecdote, mon mari désire lui aussi faire une école d'aide-soignant.

– Vraiment bravo ! Ça tombe bien, l'hôpital a besoin de personnel. Je trouve ça super, quelle motivation !

– Je pense toujours à toi, à la première fois où tu es venue vers moi. J'étais en train de ranger la lingerie. Et tu m'as demandé si j'étais heureuse de faire ce métier. Je t'ai dit oui, bien sûr, puisque j'étais contente d'avoir du travail. Je me souviens, tu m'as répondu : « Dis donc, cela ne te plairait pas de devenir aide-soignante ? » Je n'aurais jamais imaginé trouver le courage d'évoluer. Grâce à toi qui m'as montré la route, je ne peux plus m'arrêter !

– Il suffisait juste que quelqu'un te le dise. Tu m'as écoutée et maintenant l'élève a dépassé le maître.

– As-tu remarqué qu'en vieillissant on apprend un peu plus lentement peut-être, mais on comprend beaucoup plus vite. Et une fois que l'on a mis la machine en route, il est difficile de l'arrêter. Une frénésie d'apprendre s'empare de nous.

Je lui demande si elle a des nouvelles d'Emma, une jeune fille sous contrat à l'hôpital.

– Elle l'avait quitté pour passer un CAP en petite enfance. Je lui dirai de t'appeler car je la croise souvent, elle travaille à la crèche du quartier « Les petits bouts de choux ». C'est là qu'elle a trouvé son stage pour suivre son année en alternance et du coup, ils l'ont gardée.

– Je suis vraiment ravie pour elle. Sur ces bonnes paroles, je te souhaite le meilleur pour toi et ta famille. À très vite.

Quelques jours plus tard, direction Paris. Palais du Luxembourg.

Je participe au colloque de l'association des parents d'élève PEEP, intitulé « Des difficultés au plaisir de la lecture ». J'ai préparé un discours que je n'ai pas pu lire en entier par manque de temps, mais j'ai pu aborder la nécessité de former plus d'orthophonistes et de trouver un moyen de les faire venir jusque dans les écoles à partir du cours préparatoire, à un moment où les enfants ne savent pas encore écrire, mais présentent pour certains des problèmes d'élocution, qui vont entraîner des difficultés pour apprendre à lire et écrire. Lorsqu'un enfant parle mal, il écrit mal.

À ce sujet, suite à la publication de mon premier livre où j'aborde déjà la problématique, j'avais reçu un gentil message d'une étudiante en orthophonie qui approuvait complètement la nécessité de faire venir les professionnels de santé, dont les orthophonistes, pour qu'ils puissent aider les enfants atteints de troubles tels que dyslexie, dysgraphie, dysorthographie, etc. Et ce, dès leur plus jeune âge. Selon elle, cela permettrait de désengorger les listes d'attente chez les orthophonistes en effectuant des bilans qui donneraient par la suite accès à une future prise en charge. Elle soulignait aussi le manque de formations proposées aux enseignants quant aux troubles des apprentissages. L'orthophoniste pourrait aussi intervenir dans ces formations avec une mission de prévention en partageant son expertise.

S'il ne sait pas lire en fin de cours préparatoire, un enfant ne pourra pas développer ses connaissances dans d'autres matières dans les classes supérieures. Cela est si évident pour moi qui l'ai vécu ! Je ne comprends pas pourquoi ce n'est pas évident pour tous.

Février 2023. Déjà.

Me voilà repartie à Sélestat en Alsace pour une conférence. Il fait froid là-haut, mais le cœur des Alsaciens est bien chaleureux vu leur accueil.

En attendant l'heure de la conférence, on me fait visiter la Bibliothèque humaniste, un musée qui possède des manuscrits médiévaux provenant des humanistes originaires de la ville. Leur ambition était de transmettre le savoir, la connaissance, la réflexion pour le bien de l'humanité. Je me sens toute petite parmi ces écrits. En même temps, je suis là pour revendiquer le droit à cette culture à laquelle on ne peut avoir accès sans lire ni écrire.

La conférence a pour thème : « Écrire et lire, vecteur de lien social ». Trois intervenants témoignent de leur action pour créer des liens sociaux. Le premier, un producteur, a mis en place une caravane de la culture avec des musiciens conteurs d'histoires, écrivains et autres artistes. Leur slogan : « Si vous n'allez pas vers l'art, l'art vient à vous ». La caravane patrouille dans toute l'Alsace. Elle s'arrête quelques jours dans chaque commune et donne libre accès aux habitants, enfants et adultes afin que chacun puisse s'exercer à la création de leur choix : jouer du piano, chanter, danser, lire, jouer sur scène… et voir naître quelque vocation artistique.

La deuxième intervenante est une jeune femme, autrice et compositrice de pièces de théâtre et animatrice de groupe. Elle consacre beaucoup de son temps auprès des personnes en difficulté psychiatrique, dans le milieu carcéral et chez les alcooliques anonymes. Elle se rend aussi dans les lycées pour inciter les élèves à poser des mots sur une page blanche, en faire un poème ou une pièce de théâtre, puis le partager. Elle témoigne de l'effet de bonheur, de libération que cela procure sur beaucoup d'individus.

Arrive mon tour. De nouveau, je témoigne de mon parcours. Je souligne qu'il faut continuer à œuvrer, pour que les 2,5 millions d'illettrés côtoient nos bibliothèques, nos musées, notre culture, pour que toutes ces beautés ne soient pas réservées qu'à une certaine élite.

Je suis heureuse de voir que tant de personnes se dévouent à sensibiliser les gens. Je comprends combien c'est important, combien cet éveil ouvre vers de nouveaux horizons.

Avant de rentrer chez moi, je fais un détour par la Normandie. La directrice d'une école AFPA à Coutances m'a invitée à rencontrer de jeunes adultes qui suivent une formation en alternance.

Devant une quarantaine de jeunes adultes de dix-huit ans et plus, je raconte mon parcours. Je leur dis que je viens de milieu rural (la plupart viennent aussi de milieux ruraux), que je suis une fille de paysan pour qui lire et écrire n'étaient pas une priorité à l'époque. La priorité, c'était le travail pour manger. De plus, l'enseignant que j'ai eu dès le départ, ne comprenant pas ma dyslexie et ne cherchant pas à comprendre l'origine de mon problème, a bloqué ma capacité à apprendre par la peur de mal faire qu'il suscitait en moi.

Au fur et à mesure que je parlais, je voyais quelques visages changer comme s'ils se sentaient concernés, dont une jeune fille qui ne cessait de regarder ses baskets et une autre qui regardait toujours par la fenêtre comme si elle voulait éviter mon regard. À la fin de mon récit, je demande à mon auditoire de partager leur parcours et donne la parole à la jeune fille qui regardait ses baskets en lui demandant ce qui l'a amenée à suivre cette formation.

– J'étais en échec scolaire parce que je suis dyslexique et hyperactive. Cela m'a donné beaucoup de soucis et de punitions à l'école à cause de mon comportement jugé turbulent. J'ai arrêté l'école à seize ans, il y a deux ans. J'ai cherché un métier qui pouvait me correspondre car je ne supporte pas d'être assise toute la journée et enfermée dans un bureau. Et j'ai trouvé cette formation pour passer un CAP de menuiserie en alternance.

– Comment as-tu trouvé un employeur ?
– Cela a été compliqué car la menuiserie est un monde d'homme. J'ai fini par trouver une entreprise, même si je dois faire trente kilomètres pour y aller.

La jeune femme qui regardait par la fenêtre prend la parole à son tour et me dit qu'elle aussi n'a pas trouvé sa place à l'école, encore pour des problèmes de dyslexie. Elle a trouvé une formation de comptable avec l'AFPA.

Pour conclure cette rencontre, je leur rappelle l'importance de maîtriser les compétences de base. Même s'ils acquièrent un métier, je les encourage surtout à ne jamais arrêter de lire, tous les jours, même si ce métier est manuel et ne nécessite pas, *a priori*, de maîtriser parfaitement la lecture et l'écriture.

Chapitre 11

Pour la première fois de ma vie, je reçois un prix

À peine ai-je déposé mes valises chez moi dans le Sud que mon téléphone sonne. C'est Séverine Ferrer. Elle me remercie pour les deux pages que je lui ai envoyées pour sa pièce de théâtre *La Voie des femmes*. La tournée commencera au printemps, elle n'a pas de date précise.

– J'ai une demande particulière à te faire, me dit-elle. J'organise avec la mairie du 16e arrondissement, le 8 mars, à l'occasion de la journée de la Femme, un grand événement pour la deuxième année consécutive. Nous avons mis en place le « Prix des engagées ». Je souhaiterais que tu t'y inscrives et que tu sois présente à cette très belle soirée, si tu es disponible.

Alors là ! Les bras m'en tombent. Je n'ai pas de mots.

– Je t'envoie le dossier d'inscription par mail. Tu me le renvoies au plus vite. Ensuite, tu n'as qu'à te laisser porter jusqu'à cette belle journée, où j'attends ta présence ainsi que celle des membres de ta famille s'ils sont disponibles. Cette journée est un hommage à la femme.

Je n'en reviens pas, mais je me hâte de remplir et de lui renvoyer les documents nécessaires à mon inscription pour que je puisse profiter de cette belle soirée.

M. Fernandez, le directeur de l'Agence de lutte contre l'illettrisme, m'a recommandé pour participer à une prise de parole lors d'une réunion du Conseil d'État, afin de faciliter aux usagers les relations avec le service public. Ils aimeraient mon témoignage. Lors d'un premier échange téléphonique avec la présidente du Conseil d'État, celle-ci m'explique ce qu'elle attend de mon intervention.

C'est incroyable ! Cette demande correspond exactement à ce désir que j'ai développé une fois que j'ai appris à lire et à écrire : agir pour faciliter l'accès aux services administratifs *via* Internet. Car même lorsque l'on sait lire et écrire, l'utilisation d'Internet, aujourd'hui obligatoire, n'est pas accessible à un nombre incalculable de gens et donc entrave leurs droits, leur vie quotidienne et peut mener à des drames sociaux.

Je suis extrêmement honorée de pouvoir m'exprimer dans ce lieu si prestigieux, le Conseil d'État, à Paris, au nom de toutes les personnes en difficulté avec la lecture, l'écriture et maintenant avec ce nouveau handicap qu'est le numérique. La présidente me demande de rédiger un discours que je m'empresse de lui faire parvenir par mail.

Je n'ai plus qu'à me préparer psychologiquement à cette journée, dans ce lieu où les plus grands hommes ont foulé le sol.

Le 23 février, moment tant attendu, est enfin là. Train puis hôtel… la routine pour moi qui avais tant de mal à me déplacer ainsi et qui suis devenue un grand globe-trotter.

Deux interventions m'attendent le premier jour de mon arrivée. Je m'empresse de rejoindre ce lieu historique dans une salle de réunion qui se trouve dans les sous-sols. À cette réunion, les intervenants de différents horizons prennent la parole pour proposer des solutions sur différents problèmes liés au bien-être des concitoyens.

Lorsqu'arrive mon temps de parole, j'en profite pour parler des 2,5 millions d'illettrés en France et des dix pour cent de nos enfants qui arrivent en sixième sans maîtriser la lecture et l'écriture. En finissant par leur expliquer qu'il serait extrêmement important et même essentiel que l'on multiplie les orthophonistes sur notre territoire, qu'on leur trouve une place au sein de nos écoles primaires, pour que nos enfants dyslexiques ou avec un autre handicap lié au langage et à l'écriture ainsi qu'à la compréhension puissent être pris en charge au sein de nos écoles dès le CP. Comme je le dis et je le répète : si la lecture n'est pas acquise, il est compliqué pour un enfant de suivre le programme scolaire. Il s'agit de l'égalité des chances, de l'égalité à l'accès au savoir.

Je sens que l'auditoire acquiesce. Je suis encouragée par ces personnes qui comprennent l'enjeu vital, pour nos futur(e)s adultes, de cette proposition.

Le lendemain, deuxième intervention. Accompagnée de la présidente des lieux, j'ai droit à une visite guidée des nombreuses salles, toutes plus prestigieuses les unes que les autres, pour finir dans la grande salle du Conseil d'État. De nombreuses peintures représentant le peuple et son dur labeur animent l'ensemble des murs. Elle me présente le fauteuil où je serai installée pendant la conférence. Juste derrière moi, une immense peinture intitulée *Le Penseur*[1]. Quel bonheur de siéger à cet endroit !

À ce moment précis, je pense à mes parents, tout là-haut. Je suis sûre qu'ils sont très fiers de moi, la fille de paysan qui ne savait pas écrire une phrase correctement. Je suis là, dans ce lieu prestigieux, pour parler de la misère intellectuelle, de l'illettrisme et aussi de l'illectronisme, fléau des temps modernes.

L'heure de la conférence arrive. Préfets, ministres, députés, mais aussi étudiants, sont présents.

Bien que j'aie écrit mon discours, je ne le lis pas à la lettre. Je n'arrive pas à me concentrer suffisamment pour cela. Dans un premier temps, je me présente comme porte-parole de la lutte contre l'illettrisme en France et ambassadrice du programme « Write Your Future – Écrire votre avenir » que Lancôme a mis en place. Puis je passe au chiffre vertigineux de l'illettrisme en France. Je reparle de la nécessité d'accueillir des orthophonistes dans nos écoles. Et aussi, bien sûr, du besoin impérieux de remplir le fossé qui se creuse pour ceux qui n'ont pas accès au numérique et qui ne le maîtrisent pas. Du besoin

1. De Henri Martin.

impératif que les maisons « France services » se multiplient ainsi que le « Bus bleu France services » pour aller à la rencontre des personnes dans les milieux ruraux.

Je quitte ces lieux, avec le sentiment profond d'avoir rempli mon devoir de citoyen. La lecture et l'écriture font partie des fondamentaux de notre société, c'est à notre société de faire en sorte que ces fondamentaux soient acquis par toute la population.

Je profite de ma visite à Paris pour rencontrer Mélanie, une journaliste qui prépare un documentaire sur l'illettrisme pour l'émission *Grand Reportage* et qui passera sur TF1 au mois de septembre 2023 pendant les Journées nationales d'action contre l'illettrisme. Cela fait déjà un bon moment que nous dialoguons par téléphone, et je suis heureuse de la rencontrer autour d'un café.

J'avais établi une liste d'événements auxquels je participerai dans les mois à venir. Mélanie en retient deux : le prix des engagées et, parmi mes rencontres, celle organisée avec des élèves de sixième et de troisième au collège Le Fenouillet à La Crau, à trente minutes de chez moi dans le sud de la France.

Mélanie m'explique comment nous allons nous organiser le 8 mars, jour de la remise du prix des femmes engagées pour lequel je suis en compétition. Je serai filmée toute la journée pour le reportage. Toute ma famille sera présente, mes deux enfants, mes petits-enfants, ainsi que mon conjoint.

Je quitte Mélanie en attendant cette journée de la Femme qui arrive très vite…

Le premier rendez-vous de ce jour du 8 mars commence à onze heures avec Mélanie et sa camerawoman. Pour l'occasion, mon compagnon et deux de mes petits-enfants, Axel et Loann, onze et treize ans, sont à mes côtés. Tout au long de la journée, la caméra me suivra sans cesse. Mon compagnon et mes petits-enfants seront aussi interviewés.

À dix-huit heures trente, un taxi nous amène au cinéma Majestic Passy où a lieu la remise du prix. Sur place, toute ma famille est déjà présente, ainsi que l'équipe Proche et M. Fernandez. Je suis carrément stressée. Séverine Ferrer, qui va animer la soirée, nous accueille et nous invite à prendre place.

Si j'avais su que le fait de retourner à l'école à l'âge de cinquante ans allait me projeter aussi haut ! Si j'avais suivi une scolarité normale, je ne serais pas devenue aussi combative, je n'aurais sans doute pas écrit de livre et je ne serais pas ici aujourd'hui.

Il y a comme un paradoxe. L'idée que le poison est devenu un remède. Là encore, je ressens la force que peut procurer un parcours atypique.

Séverine ouvre cette soirée qui met en avant des femmes dont les engagements sont aussi courageux et importants les uns que les autres.

Vient le moment d'annoncer quatre nominées pour ma catégorie : « femmes combatives ».

Séverine fait durer le suspens. Elle ouvre l'enveloppe posée sur le pupitre.

– Aline Le Guluche remporte le prix des Combatives !

Mon cœur vient de s'emballer avec la montée de stress qui m'envahit. Les jambes tremblantes et les yeux qui retiennent mes larmes, je monte sur la scène pour rejoindre Séverine.

C'est la première fois de ma vie que je reçois un prix.

Une pensée furtive me vient à l'esprit : si j'avais reçu un prix à l'école, cela aurait été le prix du bonnet d'âne…

Le cadre qui renferme le diplôme de la gagnante des femmes engagées catégorie « Les combatives » entre mes mains, je remercie Séverine très chaleureusement ainsi que les personnes qui ont été présentes pour moi toutes ces dernières années. Les quelques mots que je prononce parlent bien sûr de ce combat contre l'illettrisme et puisque c'est la journée de la Femme, je précise que dans le monde entier, beaucoup de femmes n'ont pas encore accès à l'enseignement.

Mes enfants sont émus aux larmes et viennent m'embrasser sur scène.

C'est énorme.

Cette soirée s'achève autour d'un cocktail pendant lequel les journalistes m'interviewent, les photographes me prennent en photo, et où l'on me demande un autographe. De nombreuses embrassades et de félicitations dominent cette fin de soirée.

Au moment de me dire au revoir, Séverine me promet que je monterais sur scène dans sa pièce de théâtre *La Voie des femmes*.

– Ton rêve d'enfant de faire du théâtre sera exaucé, me dit-elle.

Chapitre 12

Des échanges riches avec des collégiens

Avec Mélanie, la journaliste, nous avons rendez-vous le 23 mars dans le Var, pour une rencontre avec des collégiens.

L'équipe de tournage arrive d'abord à huit heures trente dans mon petit appartement. La nouvelle aventure va pouvoir commencer. Nous prenons ensuite la route pour nous rendre au collège Le Fenouillet à La Crau. J'ai été invitée par Pascale, la responsable du CDI, un professeur de français et la directrice du Collège pour leur parler de l'illettrisme. Tous les élèves ont lu des passages de mon livre, sélectionnés par leur professeur. L'objectif est de partager avec eux les conséquences du manque de compétences de base, la lecture et l'écriture, dans la vie d'adulte.

Aller dans les collèges fait partie des missions que je me suis données, afin d'enrayer ce handicap le plus tôt possible.

Parler de l'illettrisme sans barrière, sans honte, à nos jeunes enfants, pour les encourager à profiter le mieux possible du système scolaire, pour leur expliquer qu'à ce moment précis de leur vie, ils ont le temps et les moyens d'accéder à un maximum de connaissances.

Je leur raconte mon parcours scolaire chaotique en matière de lecture et d'écriture et tout ce que cela a entraîné par la suite. Ma vie de femme, qui porte et qui supporte ces échecs. Puis mon combat pour retourner à l'école. Je leur raconte ma dyslexie qui, à l'époque, n'avait pas été détectée, et pour laquelle la prise en charge n'existait pas. Nous finissons sur un échange questions/réponses. Je découvre que ces enfants, à peine collégiens, ont des questions bien pertinentes sur le sujet :

– Comment fait-on quand on est adulte et qu'on ne sait pas lire ?

– C'est comme si l'on marchait les yeux fermés. On le sait, on se laisse guider par les autres. Et ça, ce n'est pas une bonne idée. Sans aucun remords, plusieurs personnes profiteront de votre faiblesse. Soit pour vous faire signer un contrat de travail qui ne vous serait pas adapté, soit pour la signature d'un crédit, comme cela m'est arrivé deux fois pour une maison et une voiture qui n'étaient même pas à mon nom.

– Est-ce que vos parents savaient lire ?

– Ma mère avait son certificat d'études, mais mon père, je ne sais pas, c'était tabou à l'époque.

– Comment faisiez-vous pour les courses ?

– J'ai la liste dans ma tête et c'est toujours la même.

Les questions et les réponses s'enchaînent.

Une jeune fille attend la fin de la rencontre pour venir vers moi, accompagnée de son enseignante.

– Je suis dyslexique moi aussi, me confie-t-elle.

Les yeux au bord des larmes, elle me parle de ses difficultés scolaires.

Je l'encourage.

– Je sais bien que cela n'est pas facile pour toi. Mais ta persévérance prendra le dessus sur ton handicap. Surtout, ne baisse jamais les bras, et ne laisse personne te dévaloriser.

Plusieurs fois, lors de mon intervention, je leur signale que la vraie liberté commence lorsqu'on sait lire, écrire, comprendre et compter. Que leur vie d'adulte en dépend. Sans compter la nouvelle compétence : le numérique, même pour cette génération qui surfe sur les réseaux sociaux. Cela ne leur sert pas vraiment pour utiliser Internet à des fins administratives.

Après ces deux heures d'échanges, pour donner leurs impressions, leur professeur de français leur demande de résumer en quelques mots notre rencontre.

Confiance, courage, persévérance, autonomie, liberté sont les paroles qui les ont le plus inspirés.

Là encore, je quitte les lieux, le cœur chargé d'émotion. J'ai vraiment beaucoup d'espoir pour notre future génération. Le système scolaire a tout de même beaucoup évolué depuis mon entrée en CP. J'en suis bien heureuse.

Les enfants sont bien plus forts que moi. Ils n'ont même pas été impressionnés par l'équipe de tournage. Ils ont hâte, me disent-ils, de voir le reportage au mois de septembre.

Un mois plus tard, d'autres collégiens m'attendent dans le département du Loir-et-Cher. Le Rotary Club de Blois – Loire et Château et Geneviève, chargée de mission contre l'illettrisme à la ville de Blois, organisent une grande dictée. Ils m'ont demandé d'être la marraine de cet événement. Ce que j'accepte avec grand plaisir, mais je leur dis tout de suite, qu'en aucun cas, je ne me prêterai à écrire la dictée. Je ne suis pas prête pour ce genre de compétition.

Le jour J, je me présente en visio, et je fais l'ouverture de cette dictée en l'annonçant. C'est parti. Cent vingt élèves, des collèges Bégon et Rabelais de Blois, bien concentrés, vont plancher une bonne demi-heure.

Le lendemain, les organisateurs m'appellent pour fixer un rendez-vous pour la remise des prix à Blois. J'irai donc à la rencontre de ces cent vingt collégiens. Le chiffre m'impressionne. Je trouve ça énorme et bien courageux. Pour chaque inscription, un euro sera reversé par le collège à une association caritative de leur ville.

Geneviève et Jean-Yves, le responsable du Rotary Club, me font un comité d'accueil à la gare de Blois. Après une soirée de préparation pour le bon déroulement de notre journée qui promet d'être intense, je pars dormir chez l'habitant. Je trouve cela chaleureux, convivial. Le partage ne s'arrête pas aux moments officiels. Je ne me retrouve pas toute seule dans une chambre d'hôtel, je peux rencontrer de nouvelles personnes et partager avec elles des moments beaucoup plus conviviaux qu'à l'hôtel.

Le lendemain matin, je suis attendue à neuf heures au collège Bégon par trois classes successives. Au total : quatre-vingts élèves. Dans chacune de ces classes se trouvent des collégiens qui ont participé à la dictée.

– On est contents de vous voir ! On vous attendait !

Apparemment, ils avaient tous hâte de me rencontrer « en vrai » et d'échanger avec moi. Cela m'étonnera toujours.

Là encore, au cours de nos échanges, je leur souligne la grande nécessité de sortir de l'école avec des compétences de base pour devenir des adultes libres et autonomes. Le numéro vert de l'illettrisme est affiché sur le tableau pour qu'ils puissent le recopier et le proposer à certains membres nécessiteux de leur entourage, si besoin.

Après m'être présentée et avoir raconté mon parcours, nous enchaînons sur des questions toutes plus intéressantes les unes que les autres :

– Comment vous avez fait pour aider vos enfants lorsqu'ils étaient à l'école ?

– Je leur ai donné des livres dès leur plus jeune âge, même quand ils ne savaient pas encore lire. Il s'agissait d'abord de livres d'images en tissus. Et, plus tard, dans les livres en papier avec du texte, comme je ne savais pas lire, je leur racontais l'histoire en tournant les pages comme si je suivais le texte. Je faisais ainsi pour faire émerger chez eux l'envie de lire. Je voulais qu'ils aiment lire. Et c'est ce qui s'est passé.

– Quel âge avez-vous ?

– Soixante et un ans.

– Pourquoi ne pas être retournée à l'école avant ?

– Pendant longtemps, la honte a pris le dessus. Ensuite, il a été difficile de trouver une école pour adultes.

– Avez-vous votre permis de conduire ?

– Oui, je n'ai jamais eu à lire pour comprendre et apprendre le code de la route. J'ai appris le code pendant les cours, on nous passait des diapositives pour s'entraîner.

– Pourquoi avoir écrit ce livre ?

– Pour dédramatiser l'illettrisme. Pour donner du courage aux adultes en difficulté. Et maintenant pour encourager nos enfants à ne rien lâcher pendant leur scolarité.

– Vos enfants ont-ils réussi leurs études ?

– Oui, ils ont tous les deux Bac + 3.

– Ah ! Comme mon grand frère ! me répond l'un d'eux.

Dans chaque classe que je rencontre se trouvent plusieurs enfants qui ont participé à cette dictée. Ils me disent qu'ils étaient contents de s'être lancé ce défi, notamment parce qu'un euro par élève était reversé à des associations. Les enseignants m'informent qu'ils ont été obligés de refuser du monde par manque de place dans l'organisation de la dictée. Au début, une partie des organisateurs pensaient que les enfants ne seraient pas intéressés par ce genre de compétition. En fait, c'est surtout le fait de se retrouver en groupe qui les a attirés.

Avec mon histoire, je suis étonnée qu'aucune peur du jugement ne les empêche de s'inscrire. L'encadrement bienveillant y a contribué. Les enfants voulaient surtout participer ensemble à ce qui était pour eux comme un jeu.

Après cette matinée très chargée, direction le foyer des jeunes travailleurs de Blois pour se restaurer. Là, un restaurant collectif a été conçu pour eux. C'est magnifique. Un bar, des coins pour travailler sur ordinateur avec accès à Internet. Des travailleurs sociaux viennent se restaurer, des jardiniers en bottes de caoutchouc, des cadres en costume cravate, tout le monde est logé à la même enseigne. C'est bon, c'est propre et c'est pas cher. J'aimerais que cet endroit soit multiplié partout en France.

Je dois prendre un peu de force, car ensuite j'ai rendez-vous avec des mamans du centre des ressources illettrisme et analphabétisme (CRIA) qui se trouve dans un quartier défavorisé de la ville de Blois.

Après quelques présentations, plusieurs femmes nous rejoignent. Un cercle de chaise se met en place pour un échange de paroles. Dix mamans se présentent, huit nationalités différentes. Leurs enfants sont scolarisés. Il est important pour elles de pouvoir s'investir dans leur scolarité. Nous avons une heure d'échanges pour que je puisse leur expliquer la nécessité d'obtenir un maximum de compétences de bases. Pour qu'elles puissent s'intégrer, obtenir leur propre autonomie, et une liberté d'agir comme elles le souhaitent. Sans oublier, pour pouvoir suivre la scolarité de leurs enfants, pouvoir utiliser un ordinateur et Internet, car le suivi scolaire de leurs enfants passe par un logiciel nommé « Pro note ». Chaque femme me raconte en quelques phrases les difficultés qu'elle rencontre avec la barrière de la langue. Je les encourage, encore une fois, à ne rien lâcher.

L'après-midi est consacré aux récompenses de la dictée au collège Rabelais. Pour la circonstance, le directeur me reçoit ainsi que plusieurs enseignants. Une journaliste est présente pour relater les faits dans le journal de Blois. La salle du réfectoire a été réquisitionnée pour l'occasion. Les enfants de cet établissement qui ont participé à la dictée s'installent autour des tables du réfectoire en trépignant d'impatience. Les enseignants réclament un peu de silence pour que la cérémonie puisse commencer.

Comme à mon habitude, je me présente en tant que porte-parole de la lutte contre l'illettrisme et ambassadrice du programme « Write Your Future – Écrire votre avenir » de Lancôme. Et pour l'occasion, marraine de cette dictée.

Quelques flyers sont disposés sur les tables avec le numéro vert de l'Agence de lutte contre l'illettrisme. Je raconte mon parcours avec les difficultés que l'on rencontre lorsqu'on n'acquiert pas la lecture et l'écriture. Je termine en les félicitant d'avoir participé à ce challenge.

Tous les enfants, sans aucune exception, reçoivent une clé USB, quelques bonbons et des marque-pages.

Je suis très fière de leur remettre les prix et de les féliciter. Je pense vraiment que tous ses enfants sont des champions. Autant celui qui n'a fait qu'une seule faute que celui qui en a fait cinquante.

Je n'aurais jamais eu le courage de m'inscrire à un tel événement. Le trac, la honte, le manque de confiance en moi m'en auraient empêchée. Même aujourd'hui encore.

Mon séjour se termine par une visite guidée de la ville où j'en prends plein les yeux grâce à la beauté de son architecture.

Je voudrais remercier le Rotary Club de Blois pour son investissement, notamment financier, et pour avoir donné à des familles défavorisées des ordinateurs recyclés afin de permettre des échanges entre les enseignants et les parents. D'ailleurs, cela dépasse les échanges enseignants/parents car ces ordinateurs permettront aux familles d'accéder aux nombreux services administratifs.

Le lendemain, je retourne dans mon petit appartement auprès de mon compagnon pour continuer la rédaction déjà entamée de mon second livre avant de reprendre le train pour une intervention lors d'une conférence à Marseille au Lion's Club : « Pour l'égalité des chances, combattons l'illettrisme ». J'y serai, accompagnée de M. Fernandez.

Mais en attendant une nouvelle fois, mon téléphone sonne.

– Bonjour madame, je suis Françoise Smaja. Je suis l'organisatrice du festival « Des livres et des artistes » qui aura lieu au pied de la tour Eiffel à Paris le 17 et le 18 juin. Quatre-vingts artistes et auteurs y sont invités. Michel Drucker, le président d'honneur, et Nathalie Lévy, marraine de l'événement, seront très heureux de vous y accueillir pour la septième édition.

Bien sûr, je réponds oui immédiatement.

Elle rajoute qu'il y aura plus de quatre-vingts auteurs et artistes confondus.

Quelle aubaine pour moi de présenter mon livre sur l'illettrisme dans un tel endroit !

J'en profite pour lui parler de la lutte contre l'illettrisme en France, de M. Fernandez et toute son équipe et je lui transmets les coordonnées de l'ANCLI.

Cette journée arrive à pas de géant. Françoise me demande de faire une vidéo de moi pour présenter mon combat en quelques phrases.

Le 17 juin, arrivée à deux pas de la tour Eiffel, je découvre de nombreux chapiteaux blancs.

Une hôtesse m'accueille, puis me dirige vers Françoise. La lutte contre l'illettrisme et toute l'équipe de l'ANCLI est déjà présente et anime un stand à l'entrée du parc.

Notre objectif commun est de rallier un maximum de personnalités à cette cause.

Françoise me dirige vers mon stand. Ce n'est pas un hasard si, juste à mes côtés, il y a le plus jeune écrivain du salon, un adolescent qui doit avoir environ quatorze ans. Petit clin d'œil, moi en situation d'illettrisme jusqu'à l'âge de cinquante ans et lui, petit homme précoce qui a déjà écrit trois petits livres, dont un sur le harcèlement scolaire.

Il faut que je profite de ce week-end parisien. C'est le moment de rencontrer les auteurs et artistes du moment, dont mon petit chouchou Patrick Bruel qui viendra nous pousser la sérénade.

Françoise et son équipe ont vraiment bien fait les choses. Les rencontres et les prises de parole n'ont pas cessé du week-end.

Le soir, je suis invitée sous le grand chapiteau pour une réception parisienne. C'est la première fois que je participe à un tel événement, car à la sortie de mon premier livre, tout était bouclé à cause de la Covid.

Ce week-end formidable s'achève, et je suis très fière d'avoir participé à cet événement. Car, là encore, pour un week-end, la lutte contre l'illettrisme, ce combat que je mène, a été mise sous les projecteurs.

Chapitre 13

Prendre mon stylo et la magie opère

Pendant une grande partie de ma vie, j'avais bien peu de considération envers ma propre personne. J'étais illettrée, je ne trouvais pas ma place dans la société. Tellement de fois je me suis sentie mal à cause de ce handicap. Tellement de fois j'ai renoncé, tellement de fois je me suis dissimulée tel un caméléon qui cherche sans cesse à se cacher.

Je ne vivais et ne respirais que pour l'amour de mes enfants, pour subvenir à leurs besoins. Les emplois que j'ai occupés durant toute ma vie professionnelle demandaient des efforts physiques pénibles au quotidien. Pendant ce temps, je m'oubliais, je n'avais pas conscience que je pouvais prendre ma vie en main.

J'ai toujours eu une idée fixe : la faucheuse m'emporterait dans ma cinquantième année. Comme de nombreux membres de ma famille, ma mère et presque tous mes frères et sœurs. À cinquante ans, j'ai probablement conjuré le sort.

Réapprendre à lire et à écrire a changé ma vie, m'a redonné confiance en moi. C'est en faisant tomber les murs dans lesquels je m'étais enfermée que j'ai pu marcher la tête haute, quitter l'ombre et aller sous les rayons du soleil, ce que je n'aurais pu imaginer auparavant. Retourner à l'école m'a permis de m'élever. De faire sauter tous les barreaux qui bloquaient mon esprit.

J'ai eu de nombreux emplois, travail en usine, restauration dans un centre hospitalier, femme de ménage, aide à domicile… Je trouvais tout simplement ça bien, puisque le travail me nourrissait moi et mes enfants. Il a fallu que j'arrive à l'âge de la retraite pour découvrir ma véritable vocation. Je n'ai pas de nom pour ce nouveau métier qui est ma thérapie. Peut-être « porte-parole » pour la cause qui me tient à cœur. Métier thérapie, métier bonheur, métier belles rencontres, métier passion.

Mais la plus grande de mes victoires, c'est le regard de mes enfants et de mes petits-enfants, la fierté de mon compagnon lorsqu'il pose les yeux sur moi. Les yeux pétillants de ma famille lorsque je leur raconte mes nouvelles aventures. Ils ne se lassent jamais et en demandent encore. Il m'a juste fallu des détours, des contours pour connaître le bonheur, tout simplement.

Mon nouveau combat qui est cette lutte contre l'illettrisme, c'est devenu une mission. J'ai trouvé que les mots étaient si puissants lorsque j'ai eu le désir profond et le bonheur de pouvoir les coucher sur papier.

La magie opère dès que je prends mon stylo. Que ce soit pour écrire une simple carte que j'envoie à mes enfants, ou pour rédiger deux pages pour une pièce de théâtre, noter une réflexion, une idée, une pensée, faire travailler mon imagination, décrire la beauté des couchers de soleil, le regard de la personne que j'aime.

Jouer avec les mots lorsque tu as vaincu les maux des mots, c'est magique.

Depuis la sortie de mon premier livre, j'ai le bonheur d'être invitée dans de nombreuses associations. À chaque fois, je rencontre des personnes plus courageuses les unes que les autres. D'autres me ramènent en arrière : le simple fait de les voir se dissimuler malgré l'effort qu'elles ont fait pour contacter le numéro vert ou rejoindre une association. À leur façon de baisser la tête, de détourner leur regard, leur côté mal à l'aise me blesse, car cela me projette dix ans en arrière. Je réfléchis au plus vite, pour trouver le mot magique, tel un cataplasme de miel qui pourrait soigner leurs blessures.

Lorsqu'une personne illettrée ou apprenante ose prendre la parole pour, à son tour, me raconter son parcours, des frissons s'emparent de moi. Je souris pour donner le change, mais je souffre en même temps qu'elle. Pourtant, je sais très bien que si cette personne a le courage d'en parler, c'est qu'elle est en train de quitter l'ombre pour aller la tête haute vers le soleil qu'elle mérite.

Cette nouvelle route m'a emmenée sur tant d'endroits différents et inconnus jusqu'alors pour moi. Les plateaux télé, que même en rêve je n'aurais osé imaginer. La rencontre avec des personnalités plus reconnues les unes que les autres, dans le milieu politique, associatif et culturel, des youtubeur(se)s, des influenceur(se)s qui désirent relayer le sujet. Un thème fait boule de neige. Il a fait écho jusque dans les plus hautes sphères de notre République (jusqu'au Conseil d'État par exemple). Toutes ces rencontres pour que je puisse exprimer ma façon de penser sur ce sujet tellement sensible qu'est l'illettrisme.

Je n'oublierai jamais l'enseignant qui m'a maltraitée, m'a tiré les cheveux, frappée, humiliée. Il est en partie responsable de mes traumatismes. Je ne supporte toujours pas un regard par-dessus mon épaule lorsque j'écris. Même à l'occasion d'une dédicace, si c'est le cas, je perds toujours mes moyens.

Mais ce qui ne m'a pas tuée m'a rendue encore plus forte, comme on dit. Et c'est cela que je désire transmettre à tous mes amis en difficulté : lisez, écrivez, prenez soin de votre intellect, il est précieux. C'est votre liberté.

Je pense que les idées négatives toutes faites sur les personnes illettrées sont en train de changer. À commencer par l'idée qu'elles sont bêtes ou même débiles. Au lieu de les montrer du doigt, de les insulter, de nombreuses associations leur viennent en aide, c'est à ce titre que je tiens à les remercier.

Il y a déjà quelques années, lorsque j'ai commencé à faire partie des porte-parole de la lutte contre l'illettrisme, un monsieur parmi mes connaissances m'a demandé si je n'avais pas honte car cela allait, selon lui, me suivre toute ma vie. Ce mot « illettré » sonnait comme une insulte dans sa bouche. Je me suis alors redressée, et je lui ai dit :

– Sûrement pas. Nous sommes 2,5 millions de Français dans ce cas.

Pour la petite anecdote, je lui ai proposé d'organiser une dictée avec ceux qui nous entouraient à ce moment. Il a juste baissé les yeux et fait demi-tour. Cela en a dit long sur sa personnalité.

Souvent, on me pose la question et je me la pose moi-même : comment je fais pour trouver le calme et la sérénité lorsque je suis invitée dans des endroits prestigieux comme le Conseil d'État. En fait, il me semble que c'est tout simple, j'y vais en tant qu'Aline, la petite fille de paysan. Cette petite fille de paysan, je ne veux pas qu'elle me quitte. Cette petite fille est gentille et modeste. C'est avec sa simplicité que je vais à la rencontre des gens, que je prends la parole dans une association ou sur un plateau télé pour raconter mon parcours.

Je ne dis jamais que cela est facile, je ne dis jamais que je ne fais plus de fautes, je ne dis jamais que je lis facilement. Je lis lentement, et à soixante-deux ans, je vais chez l'orthoptiste pour essayer d'améliorer ma lecture.

Lorsque je signe des autographes, que je laisse un petit mot, je m'excuse d'avance si je fais des fautes. Mais je m'interdis et je m'interdirai toujours de ne pas écrire et de ne pas lire. Car arrêter de lire et d'écrire signifierait un grand retour en arrière et tout ce parcours n'aurait servi à rien.

Donc je combattrai mes lacunes jusqu'à la fin de ma vie.

Et sachez que j'aime lire et écrire, et tant pis s'il y a des fautes.

Postface

La force du témoignage d'Aline, *J'ai appris à lire à 50 ans*, publié en 2020, nous a ouvert les yeux sur une réalité invisible que connaissent 2 500 000 personnes dans notre pays.

Réalité invisible parce que ces personnes ont toutes en commun d'avoir été scolarisées en France, elles ont appris la langue enseignée à l'école, la langue de la République, mais elles ne disposent pas de cette première marche indispensable en lecture, écriture, calcul, numérique, pour être autonomes dans des situations simples de la vie quotidienne : effectuer une démarche en ligne, prendre un billet de train sur un automate, remplir une attestation, suivre une formation, comprendre une consigne de travail, prendre un rendez-vous médical sur un site internet…

Elles n'osent pas dire qu'elles ne savent plus et font preuve de beaucoup d'intelligence pour ne pas être démasquées.

Depuis la publication de son premier livre, Aline a été la voix de ceux qui n'osent pas prendre la parole. Par ses interventions sur les plateaux télé, dans les studios de radio, dans la presse régionale et nationale, dans les rencontres professionnelles comme dans les salles de classe, elle a sillonné le pays, partagé son histoire et donné à beaucoup de personnes l'envie de réapprendre.

Elle nous a aussi, comme je l'écrivais dans la postface de *J'ai appris à lire à 50 ans*, conduit à redoubler nos efforts en direction de celles et ceux qui ne réclament rien, de celles et ceux qui taisent leurs difficultés et leur honte.

Dans le présent livre, Aline témoigne de son combat pour que l'illettrisme poursuive son recul. Elle nous rappelle qu'agir contre l'illettrisme, c'est prendre parfois des distances avec celles et ceux qui enjambent le réel et cèdent à la tentation de proposer un remède unique à une situation dont les causes sont multiples.

C'est tout au long de la vie, par une action nécessairement collective, rassemblant toutes les sensibilités, qu'il nous faut veiller à ce que chacun maîtrise bien cette base de la base pour éviter que les connaissances difficilement acquises une première fois ne s'effritent

Le rôle de l'Agence nationale de lutte contre l'illettrisme est de fédérer toutes les énergies et les moyens pour que les solutions à ce problème soient hissées à la hauteur des besoins. C'est le point de jonction, de rencontre, de production et le cœur d'un vaste réseau de travail en commun pour plus de cent cinquante institutions et organismes partenaires.

En offrant aux décideurs une idée précise et claire sur les chiffres de l'illettrisme, en produisant ce qui manque pour que l'illettrisme soit mieux connu et mieux pris en compte dans les politiques de l'Etat, des collectivités et des entreprises, nous faisons tout notre possible pour que chacun dispose d'une solution à ses difficultés.

Ces trois dernières années, nous avons renforcé les fondations d'une action plus ambitieuse et mieux partagée. Avec la confiance renouvelée des membres de notre groupement (ministères, collectivités, opérateurs de compétences, organismes publics) et sous l'impulsion du ministère chargé de la formation professionnelle, notre équipe a grandi, passant de douze à trente-neuf personnes : nous disposons maintenant de chargé(e)s de mission de l'ANLCI dans chaque région et dans chaque territoire d'outre-mer pour animer, fédérer toutes les énergies et enclencher une dynamique positive autour de nos priorités.

Un observatoire de l'illettrisme et de l'illectronisme a été installé au sein de notre agence pour mieux connaître le profil des personnes concernées et éclairer les prises de décision, tant au niveau national que territorial. Alors que nous nous appuyons encore sur des chiffres de 2011, nous disposerons début 2024 de données actualisées dans l'hexagone et dans tous les territoires d'outre-mer grâce au renouvellement de l'enquête INSEE sur l'illettrisme.

Début 2024, nous connaîtrons l'évolution du taux d'illettrisme et nous bénéficierons d'une meilleure connaissance des conditions de vie des personnes concernées, de leur situation géographique, professionnelle et sociale, nous pourrons enrichir les Atlas de l'illettrisme publiés en 2021 et en 2022, mieux travailler sur les causes de ce phénomène.

Afin d'amplifier et d'améliorer la détection des situations d'illettrisme, nous avons développé le service public numérique Eva qui propose un bilan gratuit des compétences de base. Plus de 60 000 personnes en ont bénéficié ces trois dernières années.

Nous avons amplifié nos interventions dans le monde du travail en mettant à disposition un outil de sensibilisation des entreprises au risque de l'illettrisme (Evagill). Plus de 8 000 entreprises ont eu recours à ce service.

Nous proposons aussi à tous ceux qui se demandent comment agir dans le monde du travail, des conseils et des outils pratiques (Les Incontournables).

Avec l'aide de l'Union européenne, nous déployons un programme de soutien à l'amorçage de solutions nouvelles sur soixante-dix territoires (La Coopérative des solutions).

Nous faisons confiance à ceux qui agissent chaque jour pour qu'ils conçoivent par eux-mêmes des réponses concrètes aux difficultés rencontrées par les personnes en situation d'illettrisme ou d'illectronisme et nous les aidons à les mettre en place.

Nous avons ouvert de nouvelles voies avec le développement d'actions éducatives à visée familiale que nous déployons à titre expérimental dans les cinq territoires d'outre-mer. Nous fondons beaucoup d'espoirs sur ce programme que nous avons appelé « Familire ». Il bénéficie à de très jeunes mamans en difficulté dont les enfants de trois ans entrent à l'école. Pendant une année scolaire, les bénéficiaires du programme sont accompagnées dans la réacquisition des savoirs de base grâce au numérique, avec l'aide d'activités associant leur enfant.

Plus autonomes dans la vie quotidienne, plus à l'aise dans leur rapport à l'école et à l'écrit, les jeunes parents le seront aussi dans l'accompagnement de la scolarité de leur enfant au moment décisif de leur entrée dans les premiers apprentissages.

Il nous faut agir toujours davantage en matière de prévention afin de conforter l'acquisition des savoirs fondamentaux et amplifier les politiques publiques d'investissement dans les compétences en faveur des adultes en situation d'illettrisme. Beaucoup reste encore à faire pour qu'aucune personne ne quitte un dispositif d'insertion, de seconde chance et d'accompagnement vers l'emploi en étant encore en situation d'illettrisme.

Aline, votre combat contre l'illettrisme nous engage à faire mieux et plus. Vous avez toute notre reconnaissance, soyez chaleureusement remerciée pour votre action au service des plus fragiles.

Hervé Fernandez
Directeur de l'Agence nationale
de lutte contre l'illettrisme